中国石油大学（华东）远程与继续教育系列教材

现代远程教育学习导引

STUDYING GUIDE TO MODERN DISTANCE EDUCATION

主　编　刘少伟

副主编　郭　成　赵长在　张清学

参　编　吕　俊　雷少飞　魏晓玲　康　峰　张　鹏
戴美林　马先国　张继光　岳云霞　刘　新

中国石油大学出版社
CHINA UNIVERSITY OF PETROLEUM PRESS
山东·青岛

图书在版编目（CIP）数据

现代远程教育学习导引 / 刘少伟主编 .—东营：中国石油大学出版社，2017.12（2020.12 重印）

ISBN 978-7-5636-5822-0

Ⅰ.①现…　Ⅱ.①刘…　Ⅲ.①远程教育—研究—中国　Ⅳ.①G729.2

中国版本图书馆 CIP 数据核字（2017）第 303265 号

书　　名：现代远程教育学习导引
主　　编：刘少伟

责任编辑：隋　芳（电话 0532—86983568）
封面设计：悟本设计

出 版 者：中国石油大学出版社
（地址：山东省青岛市黄岛区长江西路 66 号　邮编：266580）
网　　址：http://www.uppbook.com.cn
电子邮箱：shiyoujiaoyu@126.com
排 版 者：青岛友一广告传媒有限公司
印 刷 者：青岛北琪精密制造有限公司
发 行 者：中国石油大学出版社（电话 0532—86981531，86983437）
开　　本：787 mm × 1 092 mm　1/16
印　　张：8. 75
字　　数：167 千
版 印 次：2017 年 12 月第 1 版　2020 年 12 月第 3 次印刷
书　　号：ISBN 978-7-5636-5822-0
印　　数：4 801—6 300 册
定　　价：26. 00 元

前言

现代远程教育已成为终身学习体系的主要办学形式之一。在各类教育中，现代远程教育与经济社会发展的距离最近，培养人才具有投入少、周期短、见效快的独特优势，是建设人力资源强国的“利器”。是否具有高质量的现代远程教育是高等学校办学水平高低、贡献大小的一面镜子。

中国石油大学（华东）现代远程教育以服务国家能源发展战略和经济社会发展需求为办学宗旨，将现代远程教育工作定位于服务在职从业人员学历继续教育以及构建学习型社会和终身教育。近年来，学校通过云计算、大数据、虚拟现实等新技术，以及出现的智慧学习、智慧课堂、MOOC、翻转课堂等教育新特征，为广大学习者提供全新的学习机遇、广阔的学习视角、灵活的学习模式、高效的学习技术和优质的学习资源。

我们编写的这本《现代远程教育学习导引》力求以通俗的语言、图文并茂的形式，深入浅出地为学习者提供学习方法和技术上的支持与帮助，希望使更多的现代远程教育学习者较快地掌握网络学习方法和有效的学习策略，少走弯路，顺利完成学业。本书的主要内容包括：认识现代远程教育、计算机网络基础知识、现代远程教育学习基本流程、现代远程教育教学平台操作、现代远程教育最新进展、常见问题、规章制度。《现代远程教育学习导引》为中国石油大学（华东）现代远程教育学生的必读教材，亦可供其他现代远程教育试点高校的远程教育学习者参考。

由于时间仓促、作者水平有限，书中难免存在错漏之处，敬请各位专家和广大读者不吝指正，并提出宝贵意见和建议。

中国石油大学（华东）远程教育学院
2017 年 11 月

目 录

第 7 章

规章制度

参考文献

第 1 章 认识现代远程教育

Chapter 1

21 世纪是知识经济的时代，要在工作中取得竞争优势，就必须不断学习，不断提高自身能力。现代远程教育为学习者提供了一个有效的途径。什么是现代远程教育？现代远程教育有哪些特点？中国石油大学现代远程教育有哪些特色？本章将带你逐一深入了解。

1.1 远程教育的前世今生

现代远程教育，尤其是信息技术的发展，带来了教育大变革。要深入了解现代远程教育，有必要简要回顾一下远程教育的发展历史，从而明确现代远程教育在远程教育发展领域的重要地位。远程教育是一种区别于传统面授教育的教育方式。在这种教育方式中，教师和学生在时空上处于相对分离状态，教与学的行为主要是通过各种教育技术和媒体资源实现联系、交互和整合。

远程教育经历了三个主要的发展阶段。

第一代：函授教育

函授教育起源于 19 世纪 60 年代英国的大学推广运动。它是以邮递方式开展教学，学生以自学函授教材为主，并由开办函授教育的学校给以辅导和考核。美国函授教育开始于 19 世纪末期，课程相关材料及练习资料由美国远程教育中心邮寄给学生。20 世纪 80 年代后各资本主义国家开始设立函授学校。

我国的函授教育起源于 20 世纪初。1902 年蔡元培等人在上海创办中国教育会，该会创办初期以编写教科书为主，后来模仿通信函授法，刊行丛报，这便是我国函授教育的开始。新中国成立以后，函授教育迎来了发展与繁荣。1951 年，中华职业教育社在北京创办函授师范学校，东北实验学校设立了函授部。1952 年，中国人民大学正式设立函授部并招生，标志着我国高校函授教育的开始。图 1-1 所示为函授教育开学典礼。

图 1-1　函授生开学典礼

第二代：广播电视教育

1948 年，美国肯塔基州路易斯维尔大学同美国公共广播协会签约，使用该协会的广播媒介来开展远程教育。1950 年至 1980 年，美国哥伦比亚广播公司联合纽约大学开发播出了“日出”系列课程。

我国是最早开始广播电视教育的国家之一（图 1-2）。新中国成立后，广播教育发展迅速，主要分为两个阶段：1960 年，北京电视大学开学，此后，上海、沈阳、长春等城市也建立了电视大学；1979 年，中央广播电视大学和全国 28 所省级电大同时开学，堪称教育发展史上具有中国特色的伟大创举。中央广播电视大学现已发展成为全球最大的远程教育大学，也是规模最大的远程教育高等学校。

图 1-2　电大学生听课场景

第三代：现代远程教育，也称网络教育

进入 20 世纪 90 年代以来，随着信息和网络技术的发展，产生了以信息技术和网络技术为基础的第三代远程教育——现代远程教育。从最初的 Word 和 PDF 文件，到随后的音频文件、视频文件，都通过互联网进行传播，学生可以在网上进行注册学习。现代远程教育与传统的函授教育、广播电视教育等传统远程教育形态不同，它是以学习者为主体，学生和教师、学生和教育机构之间主要运用网络技术、多媒体技术等现代信息技术交互手段进行系统教学和通信联系的新型教育形态。

在美国，起初大量录制课程出现在了 YouTube、大学内部视频服务器上，随后很多大学也开始提供网络课程。麻省理工学院于 2001 年开展的免费项目“开放式课程”就是其中的典范。可汗学院从 2006 年起开始提供在线教学短片，其关注度逐年攀升。

我国第三代远程教育以 1998 年启动的普通高校现代远程教育试点为标志，以综合运用计算机网络技术、卫星电视技术和电信技术传输教学信息，开展远程教育为特点。1998 年 12 月，我国教育部制定了《面向 21 世纪教育振兴行动计划》，明确提出了实施“现代远程教育工程”。1999 年 3 月，教育部批准清华大学、北京邮电大学、浙江大学和湖南大学 4 所高校开展现代远程教育试点。2000 年，教育部《关于支持若干所高等学校建设网络教育学院开展现代远程教育试点工作的几点意见》政策文件提出，为落实《面向 21 世纪教育振兴行动计划》、推动现代远程教育工程的进展、积极发展高等教育，教育部决定支持若干所高等学校建设网络教育学院，开展现代远程教育试点工作。经教育部批准，我国现代远程教育试点高校有 68 所。

MOOC 是最新涌现出来的一种大规模在线开放网络课程模式，它使现代远程教育成为互联网领域和教育领域的热门话题。不同于以往教育领域的各种变革和转型，MOOC 的萌芽与崛起被压缩在高校的网络时代中。MOOC 的理想是做到“任何人在任何时间、任何地方能学到任何知识”。尽管 MOOC 带来了在线教育的巨变，但它的本质是在线教育，它仍属于远程教育概念的范畴。

1.2 现代远程教育试点取得的成绩

现代远程教育试点至今已取得了令人瞩目的成绩。试点规模不断扩大，教学资源不断丰富，网络教育软硬件条件不断完善，管理愈加正规，实践探索和科学研究不断深入，取得了可喜的经验和成果，已经成为我国高等教育和终身教育体系中的一个重要组成部分，发挥着越来越重要的作用。

现代远程教育试点的主要成绩可以归纳为以下几个方面。

1.2.1 扩大了高等教育入学机会

经过近 20 年的试点工作，我国的现代远程教育取得了长足的进步，初步形成了具有中国特色的远程教育办学体系。全国累计注册的远程教育学生人数已超千万；共开设各类专业 299 种，合计 1 560 个；设立校外学习中心超过 10 000 个。试点工作在普及高等教育、培养社会急需专业人才，特别是扩大西部高等教育规模以满足社会对高等教育的多样化需求方面，发挥了重要的作用。

1.2.2 促进了试点高校的信息技术应用和教育信息产业发展

试点高校通过自主研制或与企业合作，开发了近百个支持远程教育的教学管理平台和近万个网络课件，建成了若干个大型远程教育网站并投入运行。大部分试点高校通过与中国电信、中国教育电视台或者卫星公司等合作，开通了具有特色的教育信息传输与交互通道，加快了校内优质教育资源的整合和利用。这些资源不仅应用于现代远程教育，同时也应用于校内全日制普通本、专科生和研究生教育。此外，现代远程教育试点的发展提高了教师应用现代教育技术的积极性，促进了教师教育观念的改变。通过试点探索，初步建立了基于网络的课程教授模式、个性化自主学习模式、协同学习模式等丰富多彩的现代远程教育教学模式，并取得了较好的效果。

1.2.3 教学资源建设取得较大发展，资源共享初见成效

我国远程教育的资源建设较好地调动了教育行政部门、高等学校和信息技术产业三方面的积极性。2000年，教育部启动了“新世纪网络课程建设工程”，该工程投资4 000多万元建设了300多门基础性、示范性网络课程和一批案例库、试题库、课程平台，实施了网络课程质量认证项目，有100多所高校的上万名教师参与了该项目。各试点高校都十分重视网络教育教学资源建设，根据学校的学科优势和教学特点，采取自建、联合共建以及与信息技术企业合作建设等方式，开发了一批有高校自主知识产权的基于网络的教学资源库、素材库、网络课程和教学课件。值得提倡的是，部分高校就资源共享、课程互选、学分互认等进行了探索和尝试，这对于减少资源浪费、低水平重复建设，整体提高网络教育的质量具有重要意义。

1.2.4 加强管理，初步形成网络教育质量管理体系

目前我国现代远程教育的规范管理已初见成效，初步建立了教育部、地方教育行政部门和试点高校三级管理的体系。

教育部：教育部一方面加强规范管理，严格查处不合格办学高校；另一方面不断出台新措施来加强质量监管，引导远程教育试点高校建立网络教育质量保证体系，促进其健康发展。

地方教育行政部门：各省、市教育行政部门也加强了对远程教育校外学习中心的审批、管理工作，并对招生、宣传、校外学习中心的教学情况进行检查、评估，促进了网络教育的规范管理。

试点高校：试点高校逐步建立、健全了网络教育机构，建立了相关的规章制度。一些试点高校开展了网络教育机构质量管理体系认证工作，对加强校外远程教育的管理、建立现代远程教育体系进行了积极探索。

1.3 现代远程教育的特点

与函授教育、广播电视教育等远程教育形式相比，建立在现代通信技术和网络技术基础之上的现代远程教育具有许多新的特点，突出表现在其开放性、灵活性、交互性等方面。

1.3.1　开放性

现代远程教育充分利用现代网络信息技术进行教学，突破了学习空间和时间的局限，使学生从传统的被动、封闭的学习方式转变为开放式的学习。主要表现在：

(1) 学习的时间、地点及学习方式开放——学生可在任意时间、地点，通过网络自主学习，也可通过点播课程、答疑电话、电子信箱等多种媒体进行学习。

(2) 受众对象开放——学习对象不受学历、职业、性别、年龄的限制，均可享受平等的学习机会。

(3) 教学资源开放——教学资源实现共享，可随时重复、下载、保存和远距离传播，学生可根据个人的需要选择课程内容进行学习。

任何人可在任何时间、任何地点，从任何章节开始学习任何课程，这种便捷灵活的“五个任何”，充分满足了现代教育和终身教育的基本要求；满足受教育者个性化的要求，给受教育者以更大的自主权，受教育者可以根据自己选择的方式去学习以提高学习效率，从而使被动的接受变成主动的学习。现代远程教育有了现代信息技术的支持，教育活动得到了极大的延伸和扩展。教学活动既可以同步进行也可以异步进行，既可以实时进行也可以非实时进行，彻底打破了传统教育的单一模式。

1.3.2　灵活性

现代远程教育摆脱了传统教育对学生时间和空间上的严格要求，给予学生最大的学习自由，学生可根据个体的需求，自主、合理、科学地安排学习，具有很大的灵活性。在学习期间，学生可自主择课，选定适合自己的方法和途径(学习媒体)，较好地解决了“工学”矛盾。同时现代教学技术为学生提供了可重复学习的课件，可以充分发挥主动学习的积极性，真正做到因材施教。

1.3.3　交互性

良好的交互性是现代远程教育的一个鲜明特点。现代远程教育以计算机网络作为主要传播媒体，教师通过计算机网络向学生传达各种各样的教学信息，充分发挥视频流媒体的优势。学生可以通过论坛、留言板、电子邮件，也可以通过实时交互的方式向教师提出学习上遇到的问题，得到来自教师的反馈。学生与教师、学生与学生之间通过网络进行全方位的交流，拉近了师生距离，增加了师生交流机会，并且能够通过计算机对教学全过程进行记录、跟踪、统计、归纳和总结，及时发现教学中的偏差。同时，学生自主地进行学习活动，根据自己的情况安排学习，通过交流、商议和集体参与等方式实现可合作学习，提高合作中的学习兴趣和学习效率。

1.3.4 资源共享性

现代远程教育利用网络给学生提供了丰富的信息，实现了各种教育资源的优化和共享，打破了资源的地域和属性特征。远程教育的资源共享性满足了学生自主选择信息的需要，使更多的人同时获得更高水平的教育，提高了教育资源使用效率，降低了教学成本。

1.3.5 个性化

现代远程教育强调根据学生各自不同的特点，针对每位学生个体施教。互联网时代下的开放教育要求运用多种方法进行教学，使学生乐于学、乐于问、乐于钻研，并在教师的引导下自主管理学习。另外，现代远程教育运用计算机网络特有的信息数据库管理技术和双向交互功能，一方面，可以对每位学生的个性资料、学习过程和阶段情况等进行完整的系统跟踪记录、贮存；另一方面，可以向学生提供个别式、个性化的学习建议、教学指导和应试辅导等。现代远程教育为个性化教学提供了现实有效的实现途径和条件。

1.3.6 终身化

在知识经济时代，从幼年到老年接受终身教育是时代发展的一个必然趋势。远程教育具有灵活性、开放性的特点，提供了多层次、多规格、多形式、多功能的开放办学格局，可满足不同社会成员不同层次和不同方式的教育需求。学生处于主动地位，他们可以根据自己的实际情况安排自身的工作和学习。可见，现代远程教育是实现终身教育的一种良好的教育模式。

1.4 走进中国石油大学（华东）现代远程教育

1.4.1 中国石油大学（华东）简介

中国石油大学（华东）是教育部直属全国重点大学，国家“211 工程”重点建设和开展“优势学科创新平台”建设并建有研究生院的高校之一。2017 年中国石油大学（华东）入选一流学科建设高校名单，石油与天然气工程、地质资源与地质工程两个学科进入“双一流”建设学科名单。中国石油大学（华东）是教育部和五大能源企业集团公司、教育部和山东省人民政府共建的高校，是石油石化高层次人才培养的重要基地，被誉为“石油科技人才的摇篮”，现已成为一所以工为主、石油石化特色鲜明、多学科协调发展的大学（图 1-3）。

图 1-3　中国石油大学（华东）校园

学校成立于 1953 年，时称北京石油学院。1969 年，学校迁至胜利油田所在地——山东东营，更名为华东石油学院。1988 年，学校更名为石油大学，逐步形成山东、北京两地办学的格局。1997 年，石油大学正式进入国家“211 工程”首批重点建设高校行列。2003 年 10 月，教育部与四大石油公司签署了共建石油大学的协议。2005 年 1 月，学校更名为中国石油大学。2010 年，学校成为国家首批实施“卓越工程师教育培养计划”的 61 所试点高校之一。学校现有青岛、东营两个校区，校园总面积 4 774 亩，建筑面积 122 万平方米，图书馆藏书 284 万册。青岛校区地处迷人的帆船之都、海滨之城、享有极高美誉的青岛；东营校区地处黄河三角洲的中心城市、生态之城、石油之城——山东东营。两校区均位于“蓝黄”两大国家战略重点区域，青岛校区所在地属于 2014 年新设立的国家级新区——青岛西海岸新区。学校教育体系完备，以本科生教育为主，各类教育层次结构合理，现有全日制在校本科生近 20 000 人、研究生 5 700 余人、留学生 1 100 余人。建校以来，学校始终坚持以人才培养为根本任务，着力打造人才培养质量品牌，赢得了广泛的社会声誉。从广大校友中涌现出大批杰出人才，走出了 20 多位两院院士以及一大批石油石化行业领军人物和工程技术骨干。建校 60 多年来，学校形成了鲜明的办学特色，办学实力和办学水平不断提高。在新的历史时期，学校坚持特色发展、开放发展、和谐发展，正在向着“建设国内著名、石油学科国际一流的高水平研究型大学”的办学目标奋力迈进。

1.4.2　中国石油大学（华东）远程教育学院简介

中国石油大学（华东）1955 年开办夜大学教育，1956 年开办函授教育。1981 年由联合国开发计划署援助、石油工业部投资，在学校建立了“石油工业部钻井技术培训中心”，

1983 年扩展为“石油工业部勘探开发培训中心”，开启了中国石油工业继续教育的新征程。1993 年，经中国石油天然气总公司人教局批准，成立石油大学成人教育学院。2000 年，成立网络教育学院。2001 年 1 月，教育部批准中国石油大学（华东）开展现代远程教育试点。2006 年 6 月，成人教育学院、网络教育学院合并为远程与继续教育学院。2013 年 4 月，远程与继续教育学院更名为远程教育学院。

中国石油大学（华东）现代远程教育积极为石油石化行业及地方经济社会发展服务，在全国试点高校率先提出并实践用网络教育改造函授教育，实现网络教育与函授教育的整合与统一；建立了覆盖全国石油石化企业、“天、地、人”三网合一的远程教育系统；构建了以学生为中心的个性化、多元化的学生支持服务体系；创建了学校内部控制与企业监督相结合的质量监控和保障体系，形成了满足石油行业发展需要的人才培养新模式，实现了跨越式创新发展（图 1-4）。

图 1-4　实习实训课堂

学校远程教育立足行业特色，自建 95 个校外学习中心（函授站），形成了几乎覆盖全国所有省区和主要石油石化企业的办学网络，开设专业以石油工程、资源勘查工程、油气储运工程、化学工程与工艺等石油主干专业为主，兼顾社会通用专业。目前，高等学历继续教育在籍生 9 万余人，累计为社会培养了 30 多万优秀毕业生。资源建设坚持精品战略，形成了以项目化管理、整合式研发、一体化建设、标准化制作为核心内容的课程资源研发模式，建成了 8 门网络教育国家精品课程、2 个成人高等教育省级品牌专业和 20 门山东省成人高等教育特色课程，开发了 400 余门优质课程资源和 100 多部专用教材。学校远程教育以规范的管理和特色鲜明的人才培养模式走在了全国试点高校前列，已成为全国远程教育的知名品牌。

1.5 中国石油大学(华东)现代远程教育办学特色

中国石油大学(华东)现代远程教育通过多年的探索与实践,在全国率先实现了函授教育和网络教育的有机融合。近年来,随着"互联网+"的兴起,学校现代远程教育务实发展,不断丰富网络教育内涵,构建形成了具有鲜明特色的应用型人才培养模式。

1.5.1 现代远程教育人才培养模式

1.5.1.1 个性化人才培养模式

(1)弹性修业年限与学分制。

现代远程教育主要面向在职从业人员开展非全日制教育,实行弹性修业年限和学分制。高中起点本科学习期限为5~7年,需修满150学分;高中起点专科、专科起点本科学习期限均为2.5~4.5年,所修学分不低于80学分。学生在学习期限内修满教学计划规定的学分,本科层次考生在毕业前须参加全国现代远程教育试点高校网络教育公共基础课统一考试且成绩合格,达到毕业要求者,颁发国家承认学历、教育部电子注册的中国石油大学(华东)毕业证书(加注"网络教育")。本科毕业生符合学位授予条件者,授予学士学位。

(2)学历教育与职业培训相结合。

课程设置既体现学历教育的系统性和科学性,又兼顾考虑应用性和实用性。不断优化整合专业课程体系和岗位职业知识,强化应用型人才培养,形成了现代远程教育和职业培训相结合的新型现代远程教育课程体系。学生可在提升学历的同时,培养岗位执业能力,提升综合素质。

(3)模块化多分支的课程结构。

学校构建的模块化多分支课程结构能够适应在职从业人员的岗位要求和职业发展需要,满足成人学生个性化的学习需求。该课程结构具有以下特点:① 模块化课程体系设置,强调各模块课程设置的独立性、系统性和课程比例的科学性;② 专业课程分方向实行多分支设置,使学生既有对该专业的整体认识,又有适应岗位需求和满足个人兴趣的一技之长;③ 突出人文、科学、综合素养的培养,坚持外语、计算机、实践教学三者不断线,提高学生的综合能力。

(4)个性化的学习计划。

学生结合岗位需求、学习兴趣等因素,自主选定专业方向,选修相关课程,制订属于自己的个性化学习计划。在学习过程中,还可以根据工作需要、个人偏好等个人情况,对个性化的学习计划进行调整。

1.5.1.2 混合式教学模式

（1）线上学习与线下学习相结合。

通过线上网络授课与线下面授相结合的方式组织课程教学。学生在任何时间、任何地点均可以通过“石大在线”平台进行自主课件点播。同时，学校针对部分公共基础课安排集中面授，组织学生到当地学习中心（函授站）学习。

（2）线上实时与非实时学习相结合。

线上教学活动通过计算机互联网远程教学平台、视频会议系统组织。学生除自主点播课件学习外，还可利用在线答疑、E-mail等栏目与教师和同学进行非实时的学习和讨论，同时可以利用视频会议系统与教师进行面对面的实时答疑讨论。

（3）在线形成性考核与课程终结性考核相结合。

课程总评成绩由在线形成性考核和课程终结性考核成绩综合构成，其构成比例一般为40%∶60%。一方面，学生应积极参与各类在线或离线的教学活动，注重学习过程，积累形成性考核成绩；另一方面，学生还需要参与课程终结性考核，也就是期末考试。形成性考核成绩包括在线学习成绩、在线作业成绩、实验成绩等；期末考试的形式因课程性质而异，包括集中笔试（开卷、闭卷）、在线考试、撰写书面报告、毕业设计（毕业大作业）等多种形式。

1.5.2 人才培养的有力保障

1.5.2.1 专业的平台技术支持

学生学习使用的“石大在线”平台基于Browser/Server的三层结构及组件化的设计，使得整个系统具有良好的伸缩性。平台从多个方面为用户提供了多种选择，可以运行在不同的操作系统上，具有良好的可移植性。平台在设计中引入了多种缓存机制和反向代理技术，保证了高并发访问性能。此外平台在设计上充分关注系统的安全性能，采用特殊的用户认证机制，从而有效防止了非法入侵和非授权操作。

目前学生的报名入学、缴费注册、选课学习、教材订购、作业提交、课程答疑、考试预约、毕业设计（论文）、毕业申请等过程均实现了完全的平台化。

1.5.2.2 专兼职结合的师资队伍

学校组建了一支“校、院、站”三级远程教育专兼职教学团队，承担着现代远程教育的课程建设、课程辅导、视频答疑、试卷批阅、学习中心（函授站）面授、实验指导和毕业设计（论文）指导等工作。教师的聘任、使用、培训和考核评价由学校统一负责。

1.5.2.3 立体化的课程资源

学校充分利用现代信息技术，开发包含印刷材料（教材及指导书等）、教学课件、电子教材、仿真动画等多种媒体形式、多种类型的课程资源，并开发适用于手机、iPad 等移动学习设备的学习资源，形成了立体化课程资源体系（图 1-5）。

图 1-5 优质课程资源

学校对远程教育课程资源实行“精品—优质—普通”分级管理和分级建设，并对远程教育专用教材和课件资源建设整体设计、同步开发，确保文字教材和教学课件的一致性，实现学习资源的一体化。为充分发挥各高校的集成优势，促进优质课程资源的建设、开放与共享，近年来学校积极发起和参与多种类型的教育联盟：与山东大学联合发起成立山东高校继续教育在线教育联盟；牵头组织成立石油石化院校在线教育联盟；与国内 8 所高校共同成立网络教育教学资源研发中心。各高校通过联盟的形式，加强了资源整合，实现了优质教育资源的集成、共建和共享，促进了各高校资源研发水平和服务社会能力的整体提升。

1.5.2.4 全方位的支持服务体系

（1）“辅导教师 + 学习助手”的全过程导学助学服务。

辅导教师按照教学进度提供导学助学资料以及拓展资源，通过教学平台开展音视频实时辅导、非实时在线答疑及文本交互，适时组织面授集中答疑，将导学助学贯穿学生学习全过程。学校教学管理人员作为助教，利用现代信息技术，实施学习行为跟踪和数据监控，掌握学生的学习动态，及时地提示和督促学生参与相关教学活动，保障学习进度。

（2）“服务中心 + 班主任”的一站式管理服务。

学校在全国各地设立校外学习中心（函授站），承担日常的教务管理、教学辅导及支持服务工作。学习中心（函授站）配备信息咨询、招生管理、教学管理、考试管理、学籍管理、技术支持等岗位人员，为学生提供一站式服务，有专人担任学生的班主任，将管理与服务延伸至学生，贯穿学生从入学报名到毕业的整个学习生涯。

（3）“服务热线 + 个性短信”的即时通信服务。

学校设立全国统一服务热线“400-640-1953”，开发“在线客服”信息咨询系统，在教学平台中集成短信服务系统并开通官方微信服务号，以咨询电话、手机短信、在线客服、留言板、电子邮件、微信客服等形式为学生提供全方位、个性化的信息咨询与服务，服务内容涵盖学生报名咨询、报到注册、缴费选课、课程学习、成绩发布、证书办理等全过程(图 1-6)。

图 1-6 “石大在线”客服中心

(4)“网上缴费 + 资源订购”的自助式服务。

学校与中国银行合作实施网上缴费 B2C 项目，即由学生在规定时间内通过“网上银行”向学校收费账户自助缴纳学费；同时，学生还可以通过“石大缴费平台”采用微信支付方式缴纳学费。学费收缴快捷、安全、方便。

此外，学校借鉴“网上购物”消费模式，开发课程资源配送系统，实施学习资源网上订购。由学生自主选择所需要的教材，订购之后由物流公司直接将教材送达学生手中，减少中间环节，方便学生学习。

(5)“虚拟网上校园 + 现实集体活动”的情感支持服务。

学校重视营造和建设校园文化环境，通过虚拟与现实相结合的手段，策划线上和线下活动，对学生开展人文关怀与情感支持，消除学生孤独感，增加学生的归属感和凝聚力。每年五月为学校“公益活动月”，每年一个主题，引导学习中心(函授站)开展学生文化活动，发挥“石大在线”品牌效应，向社会传播公益正能量。一年一度的毕业典礼、学位授予仪式及母校行活动，已经成为常态。

1.5.2.5 多元化的质量保障体系

学校实施 ISO 9001:2000 质量管理体系，建立起了一套完善的、规范的管理体系文件和一系列的高等学历继续教育规章制度，构建了校内控制、企业监督，教师、学生、教学管理人员共同参与的质量监控和多方评价模式，形成了完备的现代远程教育质量保障体系，实现了人才培养质量的过程化控制。

学习活动

1.1 “网”事知多少？

关键词：远程教育、现代远程教育、函授教育、网络教育、计算机、微课程、慕课、大数据、互联网 +、App。

你还能想到什么呢？

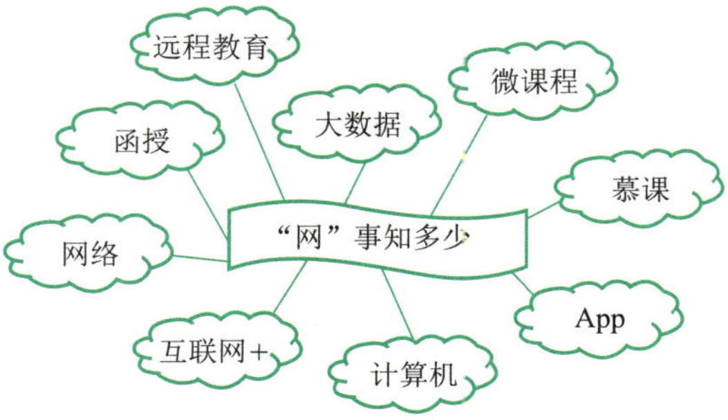

1.2　在工作和学习过程中，你是否取得过或渴望取得与行业和岗位相关的资格证书或技能证书？结合你所在岗位和行业，列举一下这些证书，并告诉我们你在获得学历提升的同时还想提高哪些方面的能力？

1.3　远程学习过程中遇到疑难问题怎么办？可求助你所在的学习中心（函授站），拨打服务热线“400-640-1953”或利用“在线客服”自主获取帮助、解决问题。另外，也可以关注“石大在线”官方微信，联系微信客服，随时随地获得学习资讯。如果这些途径不能解决你的问题，你还希望我们提供哪些方式？

扫码关注“石大在线”官方微信：

第 2 章 计算机网络基础知识

Chapter 2

今天的你足不出户就可以游遍世界各地，品尝世界美食，在家办公，在家学习，而这些都离不开计算机网络。让我们一起来了解一下计算机网络基础知识。

2.1 网络的基础知识

2.1.1 计算机网络的定义与功能

计算机网络是计算机技术和通信技术密切结合的产物。它通过数据通信系统（包括通信设备和通信线路）把地理位置不同、功能独立的多个计算机互相连接，安装功能完善的网络软件，为人们提供数据通信、资源共享、分布式处理、负载均衡、集中管理、提高系统的可靠性和可用性以及降低系统的维护费用等功能。

2.1.2 计算机网络的形成与发展

从技术发展的角度看，计算机网络的形成与发展主要经历了四个阶段。

第一阶段，以单个计算机为中心面向终端的远程联机系统。典型代表是美国半自动防空系统 SAGE 和美国航空公司飞机订票系统 SABRE-1。

第二阶段，多机互联的计算机网络。该网络出现于 20 世纪 60 年代，其典型代表是 ARPANET 网络。

第三阶段，体系结构标准化的计算机网络。1977 年国际标准化组织 ISO 提出开放系统互联参考模型 OSI/RM，简称 OSI 参考模型。

第四阶段，以 Internet 为核心的计算机网络。20 世纪 90 年代以来，Internet 作为全球互联网与大型信息服务系统在人类生活的各个方面发挥了越来越重要的作用。

现在上网设备由原来常规的台式计算机发展到笔记本、平板电脑、智能手机，甚至可穿戴设备。未来可穿戴设备的普及将可以解放人类的双手、感知环境、与 Internet 全时空连接。

信息港

可穿戴设备　从科幻到现实

你看过《碟中谍 4：幽灵协议》吗？相信很多人对影片中的一种芯片隐形眼镜印象深刻。带上它以后，就可以进行拍照和面部识别，获取目标任务的面部特征及相关信息，并且将看到的信息联网传递至后台信息中心。

20 世纪 60 年代，美国麻省理工学院媒体实验室提出了可穿戴技术，将多媒体、传感器和无线通信等技术嵌入到人们的衣着中，从而产生了可穿戴设备。可穿戴设备即直接穿在身上或是整合到用户的衣服或配件上的一种便携式设备。

可穿戴设备不仅仅是一种硬件设备，更可通过软件支持以及数据交互、云端交互实现强大的功能，为我们的生活、感知带来很大的转变。目前可穿戴设备的产品类型相对集中，以智能眼镜、腕带为主，如谷歌眼镜（Google Project Glass）、苹果手表（Apple Watch）、小米手环等，如图 2-1 所示。

图 2-1　谷歌眼镜和苹果手表

2.1.3　计算机网络的分类

计算机网络的分类标准有很多，按照不同的分类方法可以分为不同的计算机网络。根据覆盖范围，计算机网络可以分为三种基本类型：局域网、城域网和广域网。

2.1.3.1　局域网（Local Area Network，LAN）

局域网是最常见的计算机网络，是指在一个很小的范围内连接计算机、网络设备以及外部设备的网络。局域网所覆盖的地区范围通常在几千米以内，以某个单位或者部门为中心进行网络设计。局域网一般有一台计算机作为服务器，提供资源共享、文件服务、安全管理等功能。

2.1.3.2 城域网(Metropolitan Area Network，MAN)

城域网也称为市域网，是在一个城市内部组建的计算机信息网络，提供全市的信息服务。城域网是介于广域网和局域网之间的一种高速网络，其覆盖范围可达数百千米，传输速率从 64 Kbps 到几 Gbps 不等，通常是将一个地区或一座城市内的局域网连接起来构成城域网。

2.1.3.3 广域网(Wide Area Network，WAN)

广域网也称为远程网，是为最大范围传送信息和共享资源的计算机网络。地理覆盖范围通常超过 100 千米，可以是一个城市、一个地区、一个国家，甚至全球，通过专线、微波通信或卫星通信将分布范围很广的计算机系统连接起来。由于对通信的要求高，复杂性也高，因此广域网通常使用电信部门提供的公共传输网络。

2.1.4 计算机网络的组成

从物理结构角度看，计算机网络由网络硬件和网络软件两大部分组成。其中，网络硬件主要由计算机系统、网络传输媒体和网络连接设备组成；网络软件主要由网络系统软件、网络协议和网络应用软件组成。在计算机网络中，网络硬件对网络的性能起着决定性作用，它是网络运行的实体；网络软件则是支持网络运行、提高效益和开发网络资源的工具。

2.1.4.1 计算机系统

网络中的计算机通常称为主机(Host)，在局域网中根据其为网络提供的功能可分为两类——服务器和客户机。服务器是整个局域网络系统的核心，它为网络用户提供服务并管理整个网络；客户机又称工作站，一般指的是个人计算机(PC)。

2.1.4.2 网络传输媒体

网络传输媒体也称传输介质，是网络连接设备之间的物理通路，包括有线传输媒体和无线传输媒体两大类。有线传输媒体主要有双绞线、同轴电缆和光缆，目前小型局域网中使用最普遍的网络传输媒体是双绞线，大型局域网的主干线路已使用光缆。无线传输媒体主要有无线电系统、微波无线系统和红外线等微波通信和卫星通信。

2.1.4.3 网络连接设备

(1) 网卡(NIC)。

网卡又称网络适配器或网络接口卡，是计算机连接局域网的必备网络设备。网卡插在计算机或服务器扩展槽中，主要功能有固定网络地址、数据转换并发送到网线上、接收数据并转换数据格式。

（2）集线器（Hub）。

集线器工作在小型局域网环境中，主要功能包括对接收到的信号进行再生放大，以扩大网络的传输距离；为共享网络提供多端口服务。

（3）交换机（Switch）。

交换机是一种在通信系统中完成信息交换功能的设备。交换机在本质上是具有流量控制能力的多端口网桥，可以提高数据交换的速度和效率。

（4）路由器（Router）。

路由器是一种连接多个网络或网段的设备。目前在 Internet 网络中，路由器是最重要的网络节点设备。局域网或广域网通过路由器接入 Internet 网络是最为普遍的方式。随着生活水平的提高，现代家庭中往往都有多台可以上网的设备，包括笔记本、智能手机、iPad 等，通过无线路由器连接上网已经比较普及。

2.1.4.4　网络操作系统

计算机网络操作系统是网络用户和计算机网络的接口，网络用户通过网络操作系统请求网络服务。网络操作系统的任务就是支持局域网络的通信及资源共享，对整个网络范围内的资源进行管理，支持各用户间的通信。常用在网络上的操作系统有 Windows，Linux，Unix 等。

2.1.4.5　常用网络协议

网络协议是网络中为数据交换而建立的规则，常见的协议有 Microsoft 的 NetBEUI 协议、Novell 的 IPX/SPX 协议、TCP/IP 协议等。

2.1.5　计算机网络的拓扑结构

计算机网络的拓扑结构就是用网络的站点与连接线的几何关系来表示网络的结构，反映网络中各实体之间的结构关系，它对整个网络的设计、功能、经济性、可靠性都有影响。计算机网络的拓扑结构主要分为星型、总线型、环型、树型和网状型，如图 2-2 所示。

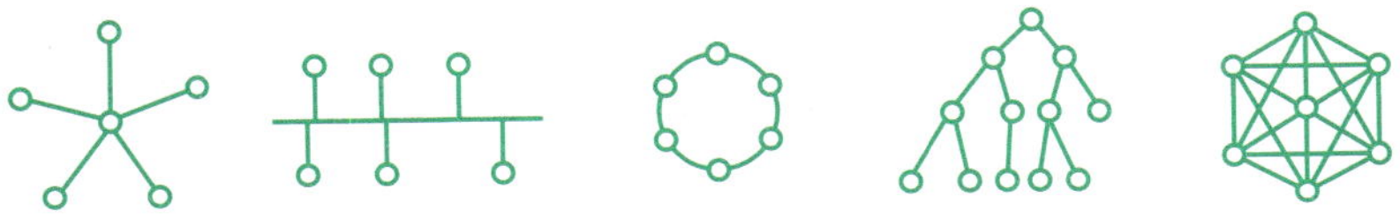

（a）星型　（b）总线型　（c）环型　（d）树型　（e）网状型

图 2-2　网络拓扑结构

2.2 Internet 基础知识

Internet 是 20 世纪末人类最成功的发明，是全球最大的计算机互联网络。由于 Internet 的信息获取和分享十分方便，因此已经被广泛应用于政府、军事、教育、科研和商业等部门以及个人信息服务，从而彻底地改变了人们的工作方式。

Internet 是由各种网络通信设备、通信线路、计算机系统组成的多个计算机网络，采用基于 TCP/IP 体系结构的通信协议互联而构成的全球性计算机网络，是无特定网络疆界的网络互联的集合。Internet 常被称为网际网、全球互联网或互联网，正式的中文名叫因特网。

从技术角度来看，Internet 包括从局域网、城域网到大规模的广域网在内的各种计算机网络。计算机主机包括 PC 机、专用工作站、小型机、中型机和大型机。这些网络和计算机通过电话线、高速专用线、微波、卫星和光缆连接在一起，在全球范围内构成了一个四通八达的网络。

从应用角度来看，Internet 是一个世界规模的巨大的信息和服务资源网络，它能够为每一个 Internet 用户提供有价值的信息和其他相关的服务。也就是说，通过使用 Internet，世界范围的人们既可以互通信息、交流思想，又可以从中获取各方面的知识、经验和相关资源。

2.2.1 Internet 的发展

2.2.1.1 Internet 的发展

1969 年，美国国防部资助建立 ARPANET 实验性网络。1992 年，NSFnet 全部主干网并入了 ANS 建成的广域网 ANSnet，ANSnet 成为 Internet 的主干网。1993 年，美国政府、联合国（UN）、世界银行等越来越多的组织、商业机构和商业网络纷纷加入 Internet，Internet 得到了迅猛发展。现在 Internet 已成为覆盖全球最大的互联网，对人类社会发展产生着巨大的影响力。

2.2.1.2 Internet 在中国的发展

1987 年 9 月，中国学术网 CANET 正式建成第一个国际互联网电子邮件节点，9 月 14 日发出第一封电子邮件，揭开中国人使用互联网的序幕。1997 年以后中国 Internet 进入快速增长时期。据中国互联网络信息中心 CNNIC 公布的最新报告显示，截至 2017 年 6 月，我国网民达到 7.51 亿，互联网普及率为 54.3%。我国互联网进入稳健发展期，网络购物、在线教育、网约车、共享单车等应用和服务发展迅速。

信息港

滴滴一下，美好出行

滴滴打车是由北京小桔科技有限公司开发的一款打车 App，是移动互联网时代一种新兴的现代化出行方式。由于操作简单、价格低廉、使用方便，受到了广大用户的喜爱，被称为手机“打车神器”。2015 年 9 月 9 日，“滴滴打车”更名为“滴滴出行”。目前，滴滴出行是涵盖出租车、专车、快车、顺风车、代驾及大巴等多项业务在内的一站式出行平台。

与传统的路边叫车和电话召车相比，滴滴出行改变了传统打车市场的格局，颠覆了传统打车观念，线上与线下相结合。一方面，用户在家就可以提前约车，最大限度地为乘客出行提供便利；另一方面，也改变了传统出租车司机的接客方式，司机可以根据乘客提供的目的地自愿接单，从而降低了车辆的空驶率，最大限度地节约了乘客和司机的时间和资源。

2.2.2　Internet 的相关概念

2.2.2.1　TCP/IP 协议

Internet 允许世界各地的网络接入作为它的子网，而各个子网的计算机类型、操作系统可能不同。为了让 Internet 正常工作，就要求所有接入 Internet 的计算机都使用相同的协议——TCP/IP 协议。这就如同世界上两个不同语言的人是无法正常交谈的，需要中间有一名翻译才行。TCP/IP 协议是 Internet 使用的最核心的两个协议，是 Internet 中计算机之间通信时必须要遵守的通信协议。一台计算机要连入 Internet，就必须安装并运行 TCP/IP 协议。

2.2.2.2　IP 地址

IP 地址是人们为了通信方便，给 Internet 中的主机分配的独一无二的数字标识。由于 IP 协议目前最普遍的版本为 v4，所以这里所说的 IP 地址也被称为 IPv4 地址。它由 32 位二进制数组成，分成四组，各组之间用一个小圆点号“.”分开。为了便于记忆，通常把每一组二进制数转换成相应的十进制数，如某计算机的 IP 地址是 202.194.145.3。

2.2.2.3　域名服务系统

要访问 Internet 主机中的信息，必须要知道提供服务的服务器的 IP 地址。数字形式的 IP 地址不方便记忆，若使用一些方便记忆的符号来标识，将会大大提高 Internet 服务的易用性。为此 Internet 制定了一套命名机制，称为域名系统 DNS。

按照域名系统定义的 Internet 主机地址称为主机的域名，Internet 中每台主机的域名是唯一的。域名由若干子域（Sub Domain）构成，子域与子域之间用“.”分隔，最右边的子域是最高层域，从右到左层次逐级降低，最左边的子域是主机名字。例如，某个主机的域名是 www.upc.edu.cn，其最高层域为 cn，表示该台主机在中国；接下来的子域是 edu，表示该主机属于教育系统单位；再下层的子域为 upc，表示该主机是中国石油大学的；最后，www 表示该主机的名称，它是中国石油大学校园网的 Web 服务器。

2.2.3 Internet 的接入方式

用户要想使用 Internet 资源，首先必须通过某种方式让计算机连接到 Internet，即接入 Internet。所谓接入方式，是指用户采用什么设备、通过什么线路接入互联网。目前因特网服务提供商 ISP 所提供的接入 Internet 的方式有很多种，如电话拨号接入、ADSL 宽带接入、局域网接入、无线接入等。

2.2.3.1 电话拨号接入

电话拨号接入也被称为 PSTN（公用电话交换网）接入方式，是用户利用现有电话线路通过调制解调器拨号连接 Internet。用户使用电话拨号接入方式必须具备的条件是：互联网服务提供商 ISP 提供的账号、一个调制解调器（Modem）、一条电话线和一台计算机。由于不需要再铺设专门的上网线路，利用现有的电话网络就可以上网，因而是最容易实施且费用低廉的方法，但接入速度较慢。

2.2.3.2 ADSL 宽带接入

国内目前最主流的宽带接入方式是非对称数字用户线 ADSL。ADSL 宽带上网是目前各城市、城镇上网接入 Internet 主推的方式。ADSL 只需在普通电话线两端安装相应的 ADSL 终端设备就可享受宽带技术，原有电话线路无须改造，安装便捷，使用简便。安装后，利用现有用户电话线可同时上网和打电话，两者互不干扰。ADSL 的渗入能力强、接入快，适合于集中与分散的用户。

2.2.3.3 局域网接入

局域网接入方式一般采用电话拨号接入、网络地址转换 NAT 或代理服务器技术。目前高速以太网已成功提速到 1 Gbps 和 10 Gbps，光纤传输覆盖的地理范围逐步扩大，人们开始使用高速以太网进行宽带接入。这种接入方式对用户设备要求最低，只需一台带 10/100 Mbps 自适应网卡的电脑，具有传输速率高、网络稳定性好、安装方便、投资少的特点。通过局域网接入 Internet 可以满足不同层面用户的多种需求，实现高速上网、VOD 点播、远程办公等多种应用。

2.2.3.4　无线接入

目前无线接入 Internet 有多种方式，如蓝牙无线接入、DBS 卫星接入、GPRS 接入、CDMA 接入、Wi-Fi、无线局域网、4G 等。通过无线接入，用户可用手机或笔记本等无线设备在任何时刻、任何位置享受 Internet 资源，为移动办公带来便捷，因此无线接入 Internet 越来越受到用户的欢迎。

2.2.4　Internet 提供的服务

随着 Internet 的商业化发展，它提供的信息服务功能逐渐增强，服务方式多样，资源越来越丰富。

2.2.4.1　万维网（World Wide Web，WWW）

万维网是当前发展最快、应用最广、最受欢迎的 Internet 服务，向用户提供了一种非常简单、快捷、易用的查找和获取各种共享信息的渠道。

2.2.4.2　电子邮件（E-mail）

电子邮件又称电子信箱，是 Internet 使用最早和应用最广的服务。由于 E-mail 使用简易、投递迅速、收费低廉、易于保存、全球畅通无阻，因而被广泛应用。

2.2.4.3　文件传输（File Transfer Protocol，FTP）

FTP 允许 Internet 的用户将一台计算机上的文件传送到另一台上。它也是 Internet 被广泛使用的服务之一。

2.2.4.4　远程登录（Telnet 服务）

Telnet 服务属于客户机 / 服务器模型的服务，允许用户登录到远程主机系统，享受与本地终端同样的权利。Windows XP 以后的操作系统都有远程桌面连接，用于实现远程登录。

2.2.4.5　电子公告栏（Bulletin Board System，BBS）

BBS 是一种电子信息服务系统，它支持多人参与讨论、获取资料并交流信息。随着移动技术的发展，BBS 使用得越来越少。

2.2.4.6　即时通信（Instant Messenger，IM）

即时通信使人们在网上识别在线用户，并进行实时消息交换，是一种新型通信手段。由于操作简单、功能多样，即时通信发展迅速，现已成为 Internet 上最受欢迎的信息交流方式。常用的 IM 软件有腾讯 QQ、微软 MSN Messenger 等。

2.2.4.7 博客(Blog)

Blog 原来是 Web Log,中文意思是"网络日志",后来缩写为 Blog。博客是撰写 Blog 的人,这类人习惯于在网上写日记。Blog 是继 E-mail、BBS、IM 之后出现的第四种网络交流方式,是网络时代的个人"读者文摘",是以超级链接为武器的网络日记,代表着新的生活、工作和学习方式。

2.2.4.8 微博

微博是微型博客(MicroBlog)的简称,也被戏称为"围脖",是一种广播式分享和交流社交网络平台。用户可以通过手机、IM 软件等途径随时随地发送微博,可以是现场记录、此刻心情等。国际上最早最知名的微博网站是美国的 Twitter,国内的微博网站包括新浪微博、腾讯微博、网易微博、搜狐微博等。

2.2.4.9 微信

微信(Wechat)由腾讯公司开发,是一款为智能终端提供即时通信服务的免费应用程序,支持跨通信运营商、跨操作系统平台使用。用户使用微信可以发送语音、短信、视频、图片和文字,参与多人聊天。目前,微信已成为亚洲地区拥有最大用户群体的移动即时通信软件。

2.2.4.10 网盘

网盘,又称网络硬盘或网络 U 盘,是互联网公司推出的一种在线存储服务。用户使用网盘可以享受存储、访问、备份、共享、下载文件等服务。目前,国内常见的网盘有百度云网盘、网易网盘、115 网盘等。

2.2.5 网络与信息安全

由于计算机网络具有开放性、互联性、连接形式多样性以及终端分布不均匀性等特征,因而无论是在局域网还是广域网中都存在着技术弱点和人为疏忽等形成的潜在威胁。这种威胁也随着 Internet 在世界范围内的迅速普及而得到无限放大,网络安全也成为时下人们最关心的问题之一。

2.2.5.1 网络安全的概念

网络安全是指网络系统的硬件、软件及其系统中的数据受到保护,不因为偶然的或者恶意的原因而遭到破坏、更改、泄露,系统连续、可靠、正常地运行,网络服务不中断。

2.2.5.2 病毒及防范措施

计算机病毒与医学上的"病毒"不同,它不是天然存在的,是某些人利用计算机软、硬件所固有的脆弱性编制出的具有特殊功能的程序，具有可执行性、传染性、破坏性、潜伏性、隐蔽性以及针对性等特征。针对病毒的这些特征，一般来说防范措施有安装防病毒软件、安装防火墙、加密数据信息、控制访问权限等。

2.3 如何上网

2.3.1　什么是 WWW

WWW（World Wide Web）被称为“万维网”或者“3W”，它的出现是 Internet 发展的一个里程碑。WWW 用众多的超文本标记语言（Hype Text Makeup Language，HTML）写成，是基于超文本方式的信息查询工具。由于 WWW 使用超媒体和超文本信息组织及管理技术，任何单位或个人都可以将自己要发布和共享的信息以 HTML 格式存入各自的服务器中。当其他网上用户需要该信息时，可以通过浏览器（Internet Explorer）进行检索和查询。

2.3.2　统一资源定位符 URL

统一资源定位符 URL（Uniform Resource Locator）是对可以从互联网上得到的资源的位置和访问方法的一种简洁表示，是互联网上标准资源的地址。互联网上的每个文件都有一个唯一的 URL，它包含的信息指出文件的位置以及浏览器应该怎么处理它。

URL 的一般形式为“< 协议 >：//< 主机 >：< 端口 >/< 路径 >”。

目前最常用的协议是 HTTP（超文本传输协议），主机是指本计算机的域名。HTTP 的默认端口号是 80，端口和路径有时可省略。如“http：//upol.upc.edu.cn”，其中“http”是 WWW 服务所使用的传输协议，“upol.upc.edu.cn”是主机域名。

2.3.3　如何上网浏览信息

网络信息庞大，要想顺利浏览信息，需要掌握浏览网络信息的一些基本方法。

任何一个提供 WWW 信息的网站都有一个“初始页面”，我们称之为主页，通过它可以浏览到该网站的其他 Web 页面。每个 Web 页面都采用所谓的“超文本”格式，即可以有指向其他 Web 页面或其本身内部特定位置的“超级链接”，当用户将鼠标指向这些链接时，鼠标指针会变为一个手的形状，在浏览器的状态行上可以看出这个链接所指向文本的 URL 地址，以此判断这些文本所处的地理位置和文件类型，此时单击鼠标左键即可跳转到该链接所指向的 Web 网页或本页中指定的某个位置。链接使得 Web 页面交织成网状，从而可以形成一个巨大的信息网。

通常情况下，如果用户所访问的某个 Web 网页幅面比较大，无法在浏览器的浏览区中完全展示出来，则用户可以通过浏览器的垂直、水平滚动条来查看网页的各个部分。

2.4 网络学习常用工具

2.4.1 常用工具的类型与功能

所谓网络学习，是指通过电脑和网络浏览网络资源，获得所需知识，解决相关的问题，达到提升自己的目的。从学习内容的观察维度，学习可分为学习内容的交流与分享、学习内容的收集与获取、学习内容的加工与处理、学习内容的组织与呈现、学习内容的管理与体验等层面。据此，我们可以把网络学习工具分为五大类，即交流与分享工具、收集与获取工具、加工与处理工具、组织与呈现工具和管理与体验工具。以“石大在线”的学习为例，学习、交流使用的工具如表 2-1 所示。

表 2-1 “石大在线”网络学习常用工具

类型	工具名称	工具举例	功能
交流与分享工具	即时通信工具	QQ 微信	便于学生之间、师生之间的交流，增强网络学习的交互性
	服务热线	400-640-1953	便于学生进行学术和非学术求助
	BBS	在线答疑	学生可以在论坛里发布信息、提问或提出看法
	微博	新浪微博	学生可及时分享信息、观点
收集与获取工具	综合性门户网站	网易 新浪	提供大量的即时信息，为用户分板块、分类别地呈现信息，便于使用者查阅
	搜索引擎	百度 谷歌	通过输入关键字，快速查找所需要的知识，促使用户主动查阅信息
	专题资源网站	石大“网络统考课程辅导” 石大“考试辅导网站”	提供丰富的专业知识和资源
	专业数据库	中国知网	提供大量专业的数字化文献资源
加工与处理工具	截图工具	QQ 截图 360 浏览器截图	帮助学生在网络学习时对图片进行处理，提高学习效率
	云笔记	有道云笔记	学生能够随时随地保存并获取笔记
	在线翻译工具	谷歌翻译 百度翻译	帮助学生查阅单词，提供句段翻译和单词发音，便于学习
组织与呈现工具	思维导图工具	MindManager	用于构建思维导图，生成结构化的知识框架，促进知识的记忆和思维发散
	Wiki	百度百科 维基百科	为教师和学生的知识共享提供高效的平台，实现快速广泛的信息整合
	网络学习平台	Udacity Coursera 石大在线 MOOC 石大	提供一个多模块学习平台，学生能够进行远程学习，具有良好的交互性。学生能够对学习进行管理，制订学习计划，让学习具有系统性，能够有效地提高学习效率，优化学习效果

续表

类型	工具名称	工具举例	功　能
管理与体验工具	时间管理工具	Getting Things Done Google 日历	学生以记录的方式把头脑中的各种任务移出来，通过这样的方式，可使头脑不被各种需要完成的事情塞满，而集中精力于正在完成的事情上
	云存储工具	百度云 腾讯微云 中国石油大学上传客户端	云存储具有大量的存储空间，可以让学生存储大量的学习资源，还可以随时随地获取已存储的资料
	协同学习工具	Skype Google Docs	可以帮助团队为实现某一目标而相互协作，调动团队成员的所有资源和才智，促进团队协作，提高学习效率并节省学习时间

2.4.2 常用工具软件简介

在网络学习中会用到一些工具软件，下面以“石大在线”的学习为例，向大家介绍常用的网络学习软件。

2.4.2.1 谷歌浏览器（Chrome）

Chrome 是由 Google 开发的一款设计简单、快速高效、安全免费的网络浏览器，能很好地满足新型网站对浏览器的要求。为了保证学习的流畅性，在学习的过程中，建议同学们使用谷歌浏览器，可以直接在“360 软件管家”中搜索“谷歌浏览器”进行下载安装。

（1）启动浏览器。

安装完成后，双击桌面上的“谷歌浏览器”图标启动浏览器。

（2）浏览器界面。

启动浏览器之后，在地址栏输入网址，回车后访问网络。输入“石大在线”网址（http://upol.upc.edu.cn），回车，打开“石大在线”的主页，如图 2-3 所示。

图 2-3 “石大在线”主页

点击浏览器右上角的⋮，打开该浏览器隐藏的菜单栏。通过点击该菜单栏，可以完成“打开新的标签页(T)”“打开新的窗口(N)”“打开新的隐身窗口(I)”以及查看“历史记录(H)”“下载内容”“书签”等操作。

点击主页“学习入口”进入“石大在线”登录页面，输入“用户名”和“密码”，点击下方的“登录”按钮，点击“学生空间”，进入个人工作室学习相关的课程。相关的平台操作可参见本书第 4 章内容。

2.4.2.2 手机 App

手机 App 主要指安装在智能手机上的软件。通过安装手机软件，可以完善原始系统的不足，满足手机用户的个性化需求。手机软件的运行需要有相应的手机系统，目前主流的手机系统是苹果公司的 IOS 系统和谷歌公司的 Android（安卓）系统。为满足同学们的需要，针对这两种系统的“石大在线”手机 App“和学”已全面上线。

（1）下载安装。

登录个人工作室后，用手机自带的浏览器“扫一扫”功能扫描二维码（图 2-4），可下载安装手机 App“和学”。

和学IOS　　和学Android

图 2-4　App 二维码

（2）使用 App。

启动手机上的“和学”，进入登录界面，输入学号和密码登录个人工作室，如图 2-5 所示。

进入个人工作室以后，可以查看通知公告，学习课程课件，完成在线作业、在线考试，进行成绩查询等，如图 2-6 所示。

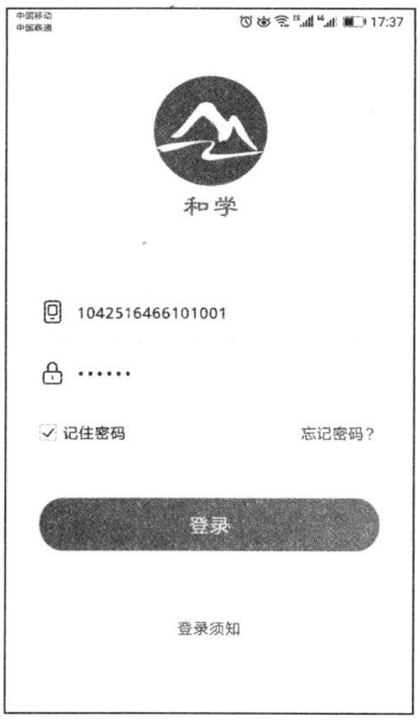

图 2-5　App 登录界面

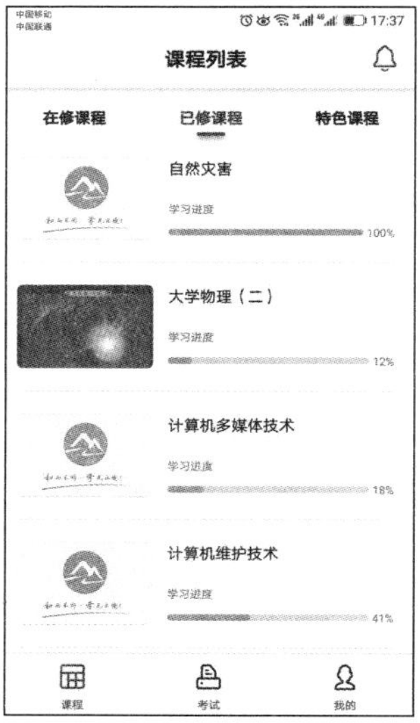

图 2-6　App 个人工作室界面

学习活动

2.1 “想一想”

如何进行“石大在线”的网上学习？你认为正确的步骤是：______________。

A. 在浏览器地址栏输入“石大在线”网址（http://upol.upc.edu.cn），回车

B. 进入个人工作室，完成相关课程的学习

C. 双击谷歌浏览器桌面快捷图标，启动浏览器

D. 检查电脑系统，保证电脑能够上网

E. 下载并安装谷歌浏览器

F. 在登录框中输入学号和密码，登录

2.2 “动动手”

在自己的手机上安装“石大在线”手机 App“和学”，体验手机学习的便捷。输入个人账号和密码登录“和学”都可以进行哪些操作呢？你认为“和学”应用中还需要添加哪些功能？

第 3 章 现代远程教育学习基本流程

Chapter 3

本章以现代远程教育学习流程为主线。学习流程主要包括制订学习计划、选课、查看学习导航、自主学习、参与辅导答疑、完成课程练习和在线作业、进行总复习、参加考试、完成毕业大作业等环节，专升本学生还需要完成网络统考、毕业设计（论文）和学位考试的关键环节，并了解相关的要求，如图 3-1 所示。

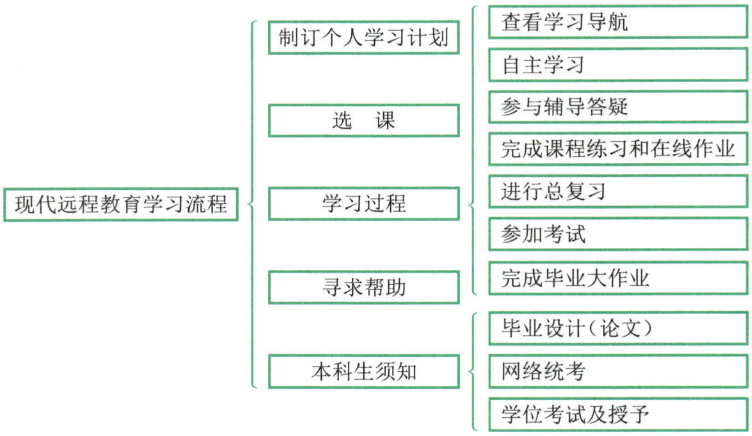

图 3-1　现代远程教育学习流程

3.1 学习计划

现代远程教育以招收在职从业人员为主，在职从业人员具有多重社会角色，要承担多重社会责任。现代远程教育提倡自学为主，即学生利用学校提供的多媒体学习资源和学习支持服务进行自主学习。学习的整个过程主要是在工作和业余生活环境中进行的。大多数学习者对学习方式不适应，因而在开始阶段做好学习的规划和准备，可以避免走弯路，取得事半功倍的效果。合理的学习计划是课程学习顺利开展的重要保障，因此在学习前根据学校的培养目标和教学计划，在教师指导下制订学习计划尤为重要。

特别提示

学习计划是对所修的全部课程的学习进度所做的总体规划与具体计划。在学习过程中，既要有一个整体的学习计划，也要制订一个详细的学习安排表。

3.1.1 了解专业教学计划

专业教学计划包括专业学习需要完成的全部课程以及课程性质、所占学分、开设学期等信息。学习前需要了解所学专业的毕业要求、所修课程、修业年限、选修课、必修课以及课程开设学期等。

3.1.2 梳理自身实际情况

梳理个人的知识基础、学习能力、学习时间等，制订学习安排表。建议采用“常规学习＋自由学习”相结合的方式，即每天抽出一小时进行常规学习，用于看课件、做作业；除常规学习时间外的学习为自由学习，可通过自由学习来弥补欠缺的知识或者深入钻研某一问题。

3.1.3 确定明确的学习目标

“凡事预则立，不预则废。”学习有了目标就容易取得较好的成果，特别是在较短时间内完成多科目或较为繁重的学习任务时，学习目标必不可少。那么如何确定学习目标呢？

好的学习目标大致包括三方面的内容：

首先，进行自我分析。我们每天都在学习，大多数人没有想过“自我是怎样学习的”这个问题。分析学习特点，可以仔细回顾自己的学习情况，找出学习规律。分析自己的学习现状，一是和其他同学比较，确定自己学习成果在同学中的位置；二是和自己过去的学习效果比较，总结发展趋势。

其次，确定学习目标。学习目标是学习的努力方向，正确的学习目标催人奋进，从而产生为实现目标而奋斗的力量。没有学习目标，就像漫步在街头不知走向何处的流浪汉一样，是对学习时光的极大浪费。学习目标要具有适当、明确、具体的特点。适当就是指目标不能定得过高或过低。过高，目标无法实现，容易丧失信心，使计划成为一纸空文；过低，无须努力就能达到，不利于进步。明确是指学习目标要便于对照和检查。具体是指目标要便于实现，如本月要学到哪、完成哪些学习任务等。

最后，科学安排时间。确定了学习目标之后，要通过科学地安排来实现学习目标。在安排时间时，既要考虑学习，也要考虑休息和娱乐。在进行时间安排时，应注意以下两点：一要突出重点，对比较薄弱的学科在时间上给予重点保证；二要有机动时间，计划不要排得太满太紧，贪心的计划是难以做到的。

3.1.4 制订学习计划

（1）制订一学期的学习计划。

首先了解专业学习的整体规划，其次制订每学期的学习计划。一般每学期有5个月的学习时间，有4～6门课程需要学习。可以采用逐个击破的方法，学习完一门课程，再进行下一门课程的学习；也可以采用齐头并进的方式，同时开展多门课程的学习。具体采用什么样的方式，要根据个人实际情况而定，如课程相关知识储备量、业余时间多少、工作和生活压力大小等。不断进行阶段性的梳理、回顾，根据实际学习进度，调整学习节奏，以确保顺利完成各门课程的学习。

（2）制订一门课程的学习计划。

进入课程学习后，首先要浏览课程的基本信息和相关介绍，明确课程学习的要求；其次将重要要求和关键环节标注到学习计划表中，如该课程的学习进度、学习活动以及考核要求等。对有明确时间要求的学习活动，学生需将其添加到学习计划表中。

在学习过程中，抓住重点、兼顾一般才能提高学习效率。重点主要是指学习中的弱科，需要学生格外加以关注。对于部分学生来说，有些课程是以前学习过的或者在平时工作中接触比较多的，比较容易理解，不用花费太多的时间和精力；有些课程是以前没有学习过的或者在平时工作中接触比较少的，学习起来比较吃力，需要付出更多的时间和精力。一般来说，英语和部分基础课都是比较困难的课程，需要投入更多的时间来学习和理解，在制订学习计划时需要安排较多时间。

特别提示

制订学习计划时，一定要结合自己的实际情况，符合目前的学习状况和水平。避免出现制订计划时满腔热情，计划得非常完美，可执行起来却寸步难行的情况。对于业余学习者来说，家庭、工作等客观因素导致日常生活中不可能那么具有规律性，所以在相对科学和详尽的前提下，学习计划要具有弹性和灵活性，只要在一段时间内学习能够控制和调节即可。

3.2 选课步骤

3.2.1 选课须知

选课是学习活动的前提。每学期开始都必须先选课，然后才能进行相关课程的学习和考试。要准确高效地完成选课，顺利完成学习任务，首先要了解以下几件事：

（1）录取后，须在规定时间内完成缴费注册。缴费成功后，学费将保存在学生工作室的“学费余额”中。选课时根据所选课程扣除相应的学费，余额不足将无法完成选课操作。

（2）选课一般安排在上一学期期末考试结束后，春季学期选课集中在 1～3 月份，秋季学期选课集中在 7～9 月份。每学期学校公布具体的选课时间安排，错过时间将导致不能正常参加本学期的课程学习、考试。

（3）课程类型按照性质分为必修课和选修课，其中必修课可分为公共必修课和专业必修课。

（4）第一学期必须修读规定的基础课程并参加课程考试。在后续的学习期限内，可在规定的选课时间内根据自身情况自行上网选课。

（5）一般情况下，为保证有足够的精力完成课程学习，每个学生每学期选 3～4 门课程为宜。若有补考课程，每人一学期内不宜超过 6 门。

（6）选课时，系统自动从学费余额中扣除相应的学费，同时须缴纳教材费。课程学费计算公式如下：

$$课程学费 = 收费标准 \times 该课程学分$$

教材费根据实际配书的价格进行核算。

（7）每学期开始，须在规定的时间内完成选课。因故不能正常参与该学期学习，可申请学籍变动，调整教学计划，保障后续学习顺利进行。

（8）所选课程一经提交成功，不得任意退选和改选。选课成功后，即可进行相关课程的学习。

（9）在规定的学习期限内必须修满教学计划规定的总学分，符合毕业条件方可毕业。没有按期完成学业者，不能按时毕业。

特别提示

学生工作室的学费余额只能用于选课扣费，不能用于缴纳教材费。教材费需要在生成教材订单时根据所选课程教材的价格另外缴纳。

3.2.2 学费充值

学费收取采取预缴费模式。其中，高起专、专升本层次分两次缴纳学费，高起本层次分四次缴纳学费。每次缴纳金额为总学费除以缴纳次数。学费一般按年度缴纳，即一年缴纳一次。学生被录取后，首先登录学生工作室进行信息确认。第一次学费缴纳后平台自动完成学籍注册，之后进行选课操作。若选课时学费余额充足，可直接进行选课。

“石大在线”平台支持各大主流银行网上缴费，同时也可以通过“石大缴费平台”采用微信支付方式缴费。以下以中国银行缴费过程和微信缴费过程为例，对第一学期通过教学平台进行学费缴纳的操作步骤进行说明。

3.2.2.1 开通网上银行业务

携带身份证到所在地中国银行营业网点办理储蓄卡，并开通网上银行功能，办理“U盾”或“密码器”等。或者通过手机开通微信支付功能，以便使用快捷的微信支付方式。

3.2.2.2 信息确认及修改

在“石大在线”教学平台（http://upol.upc.edu.cn）主页右上方登录区（图 3-2）输入用户名（即学号）、密码，点击“登录”，进入学生工作室。

图 3-2 学生工作室登录页面

第一次登录教学平台后须进行基本信息确认，如图 3-3 所示页面。点击“确定”后浏览基本信息，根据实际情况查看、修改信息，核对无误后点击右上角“确认信息”。

> **特别提示**
>
> 学生须保证“石大在线”平台上的信息准确无误！学校将此信息报教育行政主管部门进行学籍注册。此外，学校及学习中心（函授站）将通过电话、短信、邮件等多种形式向学生提供教学全过程的信息服务。个人联系方式如发生变更，要及时登录工作室修改，以保证实时享受全方位的信息服务。

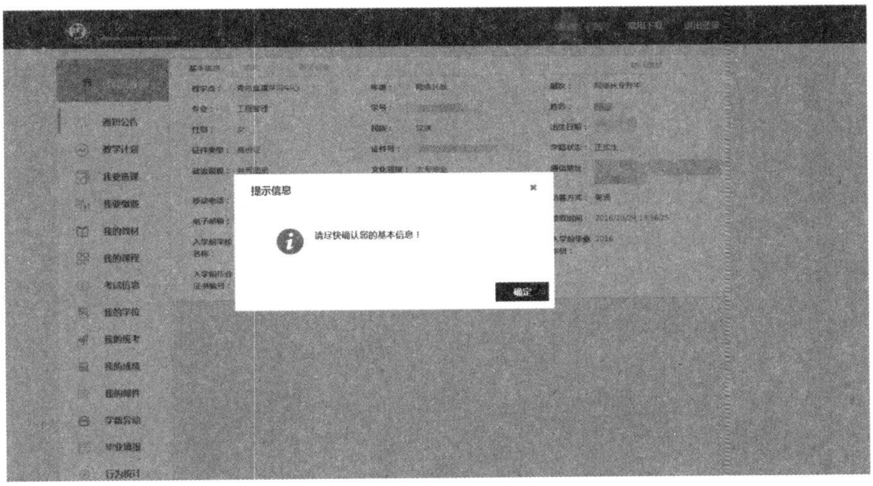

图 3-3　信息确认

3.2.2.3　学费充值

打开工作室左侧导航栏“我要缴费”模块，在“账户信息”中可查看充值总额、学费余额及费用明细等重要信息（图 3-4）。

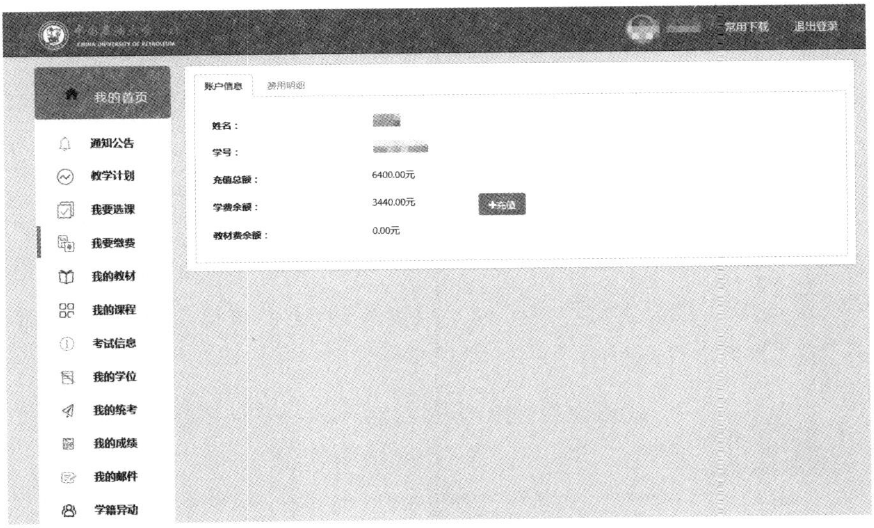

图 3-4　账户信息

点击“充值”，出现缴费确认页面，如图 3-5 所示。

确认付款金额无误后点击“提交”。高起专、专升本层次的学生每次的充值金额为总学费的一半，高起本层次每次的充值金额约为总学费的四分之一。

支付页面默认的支付银行为中国银行，选择“网银支付”，按银行提示步骤支付即可完成缴费充值，如图 3-6 所示。注意，不要选择“中银快付”。

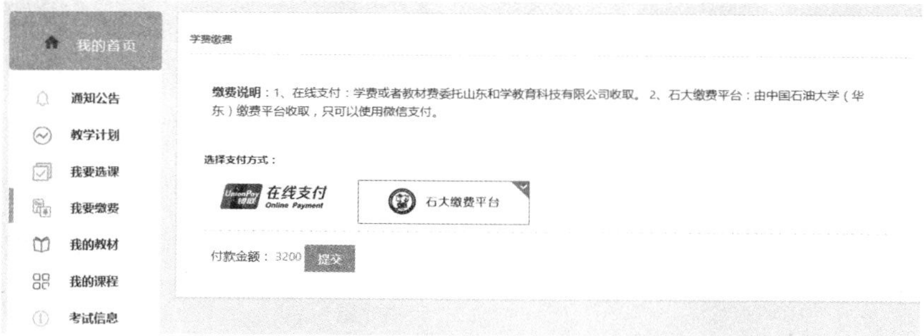

图 3-5　缴费确认

图 3-6　支付方式选择页面

如果不是中国银行的网银，可以选择“非中行卡支付”，点击“确认”进入下一步。点击“网银支付”，选择相应的银行进行支付。

学费缴费新开“微信支付”功能。选择“石大缴费平台”，点击“提交”按钮（图 3-7），进入缴费平台。选择“微信支付”（图 3-8），点击“下一步”按钮，手机扫描二维码进行支付（图 3-9）。

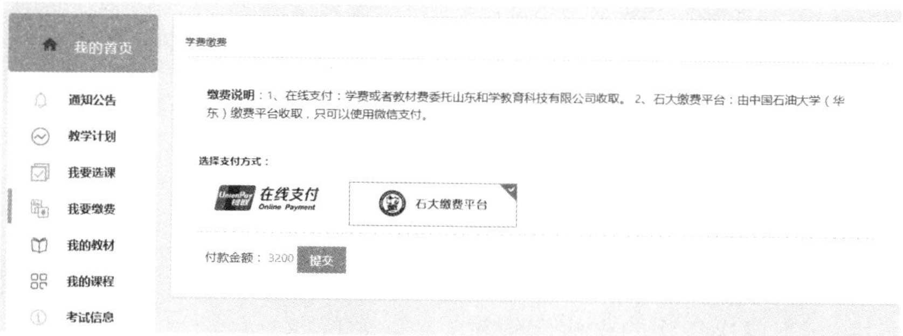

图 3-7　缴费确认

图 3-8　微信支付

图 3-9　支付二维码

特别提示

务必在缴费成功之后及时查看“财务信息”以查询缴费情况，若缴费不成功，学费会在 7 个工作日内退回。如果有任何问题，请及时与学校联系咨询。

3.2.3　选课及教材配送

打开“我要选课”模块，可查看教学计划内的当前选课批次应选课程，如图 3-10 所示。选中所有课程后，点击“确认选课”，页面自动跳转到教材配送页面，如图 3-11 所示。

图 3-10　选课页面

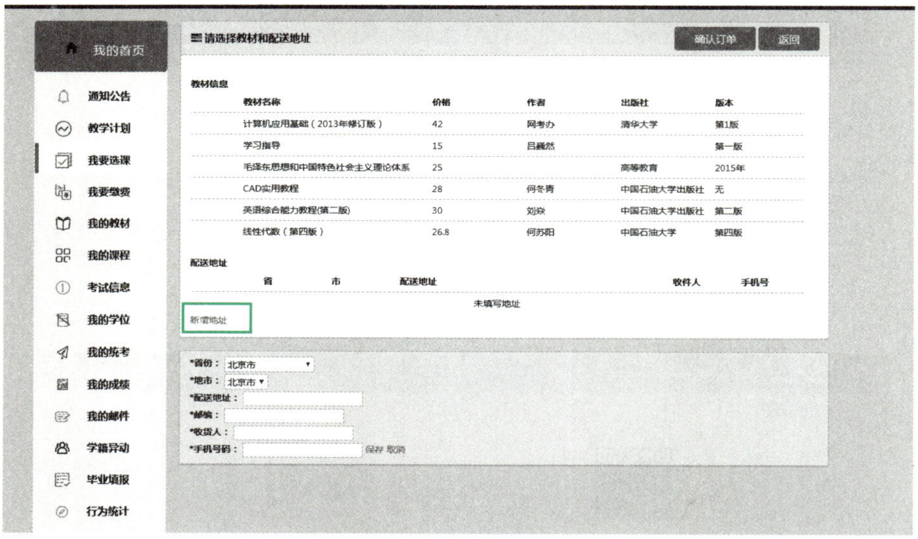

图 3-11　教材配送页面

在教材配送页面，可查看教材名称、价格、作者、出版社、版本等信息。第一次选课或配送地址有变动，可点击“新增地址”，添加教材配送接收人信息。选择正确的配送地址后，点击右上方的“确认订单”，进入教材费缴纳页面。教材费支付过程与学费充值支付过程一致，选择相应的支付方式即可。

完成选课及教材费支付之后，平台将在 24 小时内生成教材订单。学生通过“我的教材”模块，点击订单号可以查询配送的教材信息，如图 3-12 所示。

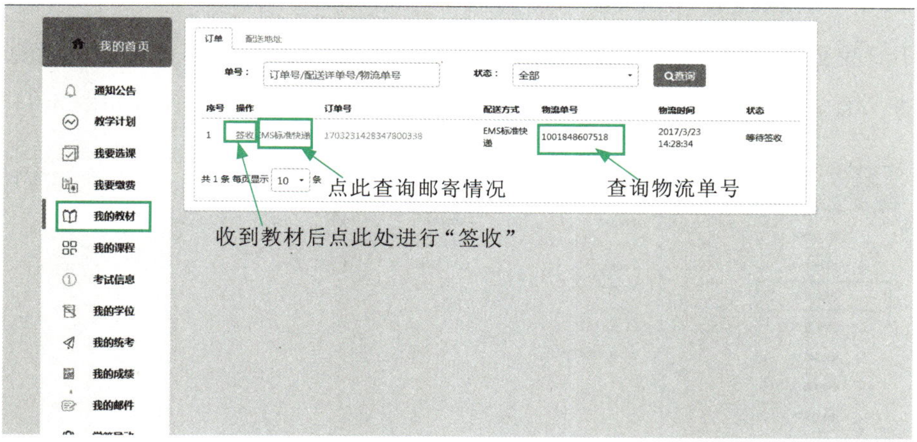

图 3-12　教材配送信息

教材订单生成后 72 小时内，学校将通过 EMS 进行教材配送。教材配送后通常 3～5 天可以收到，新疆、甘肃等边远地区需要 5～7 天。教材配送期间，可登录工作室“我的教材”模块，根据订单中的物流单号查询教材邮寄情况。学生收到教材后，务必点击“签收”

确认。

学生完成选课后，工作室首页界面如图 3-13 所示。“在修课程”中显示的即为所选课程，点击一门课程，就可以学习了！

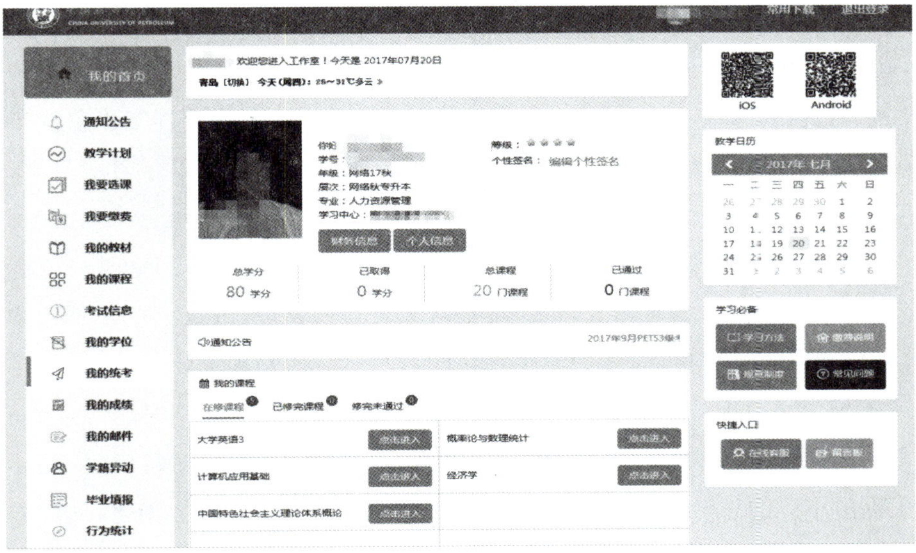

图 3-13　学生工作室

特别提示

务必在选课完成之后及时查看“我的课程”“我的教材”以查询选课、教材配送情况。如果有任何问题，请及时与学校联系咨询。

3.3 课程学习

现代远程教育课程学习采取“网络学习为主，其他学习形式为辅”的混合式学习模式。在学习过程中，一方面要“独立、自主”，培养自主学习管理意识，加强自我学习管理；另一方面要“协作、互助”，通过教学活动以及学生与学生之间、学生与教师之间的讨论和答疑等，提高学习效率。

常规的课程学习一般遵循固定的模式：在线导学＋自主学习＋辅导答疑＋课程练习与在线作业＋期末复习＋课程考核。每个人的学习习惯不同，学习时间也不同，可以根据个人的实际情况做相应的调整。

3.3.1　在线导学

自学习开始至复习阶段的整个学习过程，均可接受教师的学习指导。具体体现在开篇引导、学习过程指导、复习指导三个方面。

教师在学习开始阶段进行课程开篇导学。首先，教师在课程工作室的“课程公告”栏目中发布新学期的开学寄语。开学寄语内容涵盖教师的自我介绍、问候语、联系方式等，并鼓励学生在课程“在线答疑”栏目中进行自我介绍。其主要目的是介绍自己、介绍教师的工作，建立一个师生沟通的良好开始。其次，教师介绍课程的主要内容、整体学习目标、可利用的学习资源、考核方案、学习方法与建议等。第三，教师在课程工作室发布课程辅导计划，使学生了解课程结构、学习进度安排等。借助这些内容，可以制订更科学、可行的个人学习计划，合理地进行自主学习管理。

在课程内容学习阶段，教师按照教学进度给予学生阶段性的学习指导。一是对每个阶段教学内容进行讲解，如具体章节主要内容、知识点及重点、难点分析。二是结合课件和教材，分层次明确学习目标，帮助学生细化学习目标。三是根据课程性质，每周给学生提供学习指导。学习指导主要是合理安排阶段进度，对具体的章节和知识点给予有针对性的指导，可以说是阶段导学材料细化和具体化的过程。同时，针对每周的学习内容，教师向学生提出相应的思考题或者讨论主题，积极参与讨论有助于学生消化、理解和巩固所学知识。

在课程复习阶段，教师在课程工作室发布复习指导材料，主要是制订总复习计划，指导学生合理安排复习进度和进行方法介绍，强调知识重点，对重要知识点和复习方法进行有针对性的指导。

3.3.2 自主学习

参考课程自学指导书，结合印刷材料（教材及辅导资料）、网络课件以及教师所提供的阶段性导学资料等进行自主学习。

3.3.2.1 学习导航

在进入课程学习的最初阶段，首先需要认真查看课程交互区的“学习导航”栏目。学习导航内容一般由学习方法介绍、教学活动安排以及成绩构成说明三部分构成，如图 3-14 所示。

学习方法：介绍课程的教学活动、学习方法及建议。可以参照此说明，参与和完成各项学习活动。

教学活动：详细介绍课程主要学习环节及主要内容。可通过此部分内容了解整个学期的主要安排，并据此做出适合的学习活动规划。

成绩构成：介绍课程的考核模式、考试形式、成绩构成方案、各考核环节及其所占的比例。

图 3-14　学习导航

3.3.2.2　自学指导

自学指导书是指导学生自学的重要参考资料，在课程交互区的“自学指导”栏目中可下载。主要是围绕课程的教学大纲，确定适宜的教学内容和教学重点、难点，对课程知识进行整体介绍，使学生明确课程的学习要求。一般包括课程简介、学习建议、各章节主要学习内容及要求等信息，指出哪些内容需要了解、哪些需要重点掌握等，对各知识点进行有针对性的练习，引导学习者巩固所学知识。了解这一基本要求，有利于对课程内容进行整体把握，明确自己的学习方向。

3.3.2.3　课件学习

网络课件的核心内容是各知识点的视频讲解。点击课程交互区的“课程学习”栏目，可查看课程的视频目录。点击知识点名称，即可进入知识点的视频学习页面。学习进度表示网络课件的学习时间、学习程度，单位为时长。

学习过程可以按照课件目录顺序依次进行，也可以根据自身实际情况、学习进度，进行知识点的跳跃式学习。如果感觉某一知识的学习较困难或不容易理解，可反复进行学习，直至掌握。如果用手机 App（“和学”）进行课件学习，学习进度可以同步到个人工作室。

3.3.2.4　教材学习

教材是学生进行自主学习的主要教学资源之一，是由课件主讲教师指定的，也是制作课件的依据。

教材与网络课件是两种不同的学习媒体，侧重表现不同的学习内容，有机组合、优势互补，形成一体化的课程学习资源。纸质教材阅读体验好，便携性强，使用方便；网络课件开放性好，便于教师分离教学，也便于自学。学习时尽量做到课件、教材相结合。

3.3.3 辅导答疑

自主学习过程中，通过教学平台或其他通信方式，与教师、同学之间开展实时与非实时的交互，解决学习过程中遇到的问题。辅导答疑的形式包括在线答疑、视频答疑、面授辅导、邮件交流、QQ和微信交流等方式。以下主要介绍在线答疑和视频答疑两种辅导形式。

3.3.3.1 在线答疑

在学习过程中遇到问题，随时可在教学平台的课程交互区“在线答疑”栏目发布，由教师及时给予回复和指导，解答疑问。

有疑问时，先浏览“在线答疑”栏目问题列表，查看相关问题是否在问题列表中。如果问题已有人提问，那么点击相应的问题即可查看解答情况。如果问题列表中没有该问题，那么点击“我要发帖”按钮，在弹出的新窗口中输入问题进行提问。学生也可以在“在线答疑”中发表个人见解，分享个人学习经验。

3.3.3.2 视频答疑

视频答疑是在约定的时间内，教师与学生通过实时交互系统（即课程交互区“视频答疑”栏目）进行音视频交互。每次辅导一般分为两个阶段：一是由教师根据教学进度对所学阶段的主要内容进行集中分析、总结，包括章节重点难点串讲、典型习题解析以及学习方法指导；二是答疑解惑，实时回答学生提出的问题。整个辅导过程会进行录制并发布，以方便无法实时参与的学生浏览学习。

3.3.4 课程练习与在线作业

根据课程教学实施方案，教师在教学平台中适时发布课程练习、在线作业等，学生可以按照教学进度进行自主练习和在线测试，巩固所学知识。

课程练习主要用于学生完成阶段性学习后（如完成某章节或知识的学习）进行自主练习，以检测学习效果，且根据练习情况实时调整学习计划、节奏。

在线作业是由教师编制并在教学平台上发布的、检查学习效果的一种重要方式。一般每门课程在线作业设置为1～3个阶段，各课程的阶段数并不完全一致，由教师根据课程性质和进度而设置。每个阶段均提供三次测试机会，学生可以结合练习情况在规定的时间内提交三次。其中，客观题为系统自动批阅，主观题由教师在线批阅。系统将自动以最高成绩计入在线作业成绩。

特别提示

在线作业成绩是课程总评成绩的重要组成部分，一般为 20%～40%，因此认真完成在线作业对保证顺利通过课程至关重要。

3.3.5 期末复习

一般在期末考试前一个月，课程学习进入复习阶段。教师将结合课程教学大纲和考核要求，针对课程主要内容及考试题型等方面编制复习资料、开展考前辅导。考前辅导材料在教学平台发布，以便学生把握重点、难点，进行有针对性的考前复习，提高复习效果。此外，学习中心(函授站)根据实际情况会适时组织面授辅导。

3.4 课程考试

3.4.1 考试要求

(1) 选课后，在规定时间参加相应的课程考试，未选课不能参加课程考试。

(2) 每门课程提供正考和补考两次机会，若仍未通过，可申请重修考试。可在考前一个月向所属学习中心(函授站)申报重修考试。

(3) 因特殊情况确实需要异地参加考试的，必须于考前一个半月向所属学习中心(函授站)提出异地借考申请。

(4) 参加考试必须携带学生证和身份证，在考试过程中须严格遵守考试相关规定。

(5) 已通过免试申请的课程，无须参加考试。

3.4.2 考试时间

(1) 每年安排四次考试，分别为每年两学期的正考和补考。其中，正考一般在每年的 1 月和 7 月，补考在 4 月和 10 月，具体时间以网上公布的日期为准。

(2) 考试一般安排在周末，共一天时间，单一场次的考试时间原则上为 90 分钟。

(3) 具体的考场安排可在规定时间内通过“石大在线”主页→考试安排、登录个人工作室或向所属学习中心(函授站)咨询。

3.4.3 考核方式

根据课程性质不同，考试一般分为闭卷、开卷的形式，以常规卷面考试、在线考试等多种形式进行组织。考查课程则采取在线完成作业的形式。

3.4.4 考试流程

3.4.4.1 卷面考试

如果课程期末考试是卷面考试，可以在考试前两周通过个人工作室“考试信息”栏目查看并打印具体的考试信息，考试信息包括课程名称、考试形式、场次、考试时间和考场地点等，如图3-15所示。

图3-15 考试信息

3.4.4.2 在线考试

在线考试通常比卷面考试提前开始，一般为期一个半月，在开放期间可以随时随地进行考试。在线考试与在线作业的操作基本一致。

进入课程网站并点击“在线考试”栏目，即进入“在线考试系统”（图3-16），在规定的时间内进行答题并在线提交，等待教师的在线批阅。

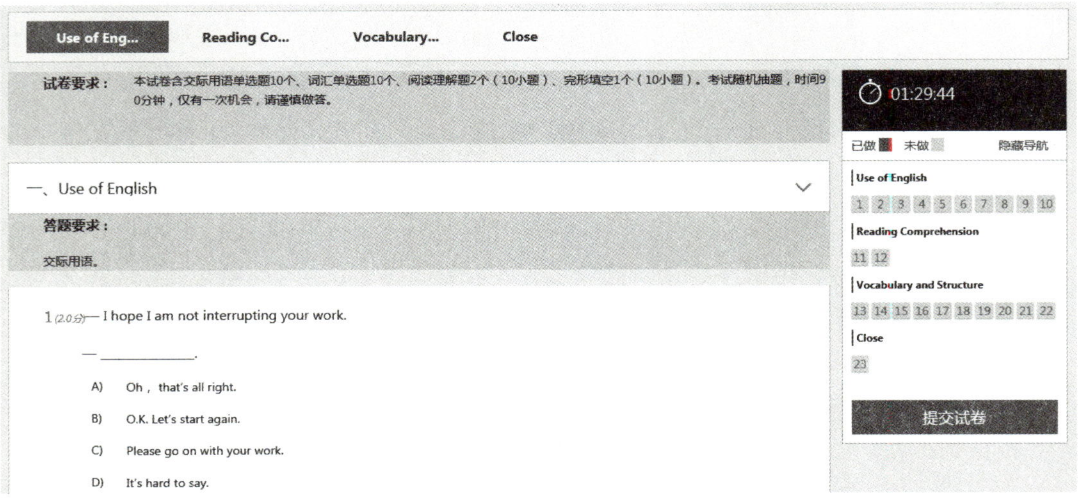

图3-16 在线考试

特别提示

在线考试课程只有一次考试机会，所以务必在考前做好相应准备，比如选择较为安静不易被人打搅，供电、网络都比较稳定的地方。考试一旦开始，系统就开始计时，时间用完系统就会自动提交，即使题目没有答完也无法继续答题。如果在考试过程中遇到问题，要及时拨打咨询电话说明情况。

3.4.4.3 考查课

考查课没有考试环节，考查课通常需要参与在线学习、离线学习和在线完成作业等。

3.5 网络统考(适用于本科学生)

3.5.1 网络统考介绍

网络统考是教育部对现代远程教育试点高校网络教育学生的部分公共课程实行全国统一考试。网络本科学生需在修业年限内参与并通过部分公共课程的全国统一考试，这也是毕业条件之一。网络统考是水平测试，并不是选拔性考试，它根据现代远程教育的特点和应用型人才的培养目标，针对从业人员继续教育的特点，重在检验学生掌握基础知识的水平及应用能力。

3.5.1.1 统考科目

根据网考办的规定，考试科目包括大学英语(A、B、C)、大学语文(A、B)、高等数学(A、B)和计算机应用基础四门统考课程。我校网络统考科目专科起点本科考试科目包括大学英语(B)、计算机应用基础；高中起点本科考试科目包括大学英语(B)、计算机应用基础、高等数学(B)。

3.5.1.2 统考时间

目前统考每年有三次，一般安排在 4 月、9 月、12 月，具体考试时间以网考办通知为准。

3.5.1.3 考试费用及形式

所有统考科目均实行网上闭卷考试，每科每次考试时间为 90 分钟。根据发改价格[2010]955 号文件规定，每次参加网络统考都需要缴纳考试费，标准为 35 元 / 科。

3.5.1.4 统考课程免试

符合相关条件的学生可持免考证明原件到所在校外学习中心(函授站)申请免考。

（1）可以免考全部统考科目的条件。

已具有国民教育系列本科以上学历（含本科），可以免考全部统考科目。

（2）大学英语（B）免考条件。

① 非英语专业，获得全国大学英语 CET 四级或以上级别证书；参加改革后的全国大学英语 CET 四六级考试，成绩达到 420 分（2006 年 1 月 1 日以前有效）。

② 非英语专业，获得全国英语等级考试三级（PETS-3）或以上级别笔试合格证书。

③ 非英语专业，获得省级教育行政部门组织的成人教育学位英语考试合格证书。

④ 入学注册时年龄满 40 周岁。

⑤ 已参加统考，且成绩通过。

⑥ 已通过应报考科目上一级别统考且成绩合格。

⑦ 除英语专业考生外，户籍在少数民族聚居地区的少数民族学生。

⑧ 公共外语为非英语以及专业外语为非英语的考试，具备如下条件之一者：日语能力测试（JLPT）三级或以上级别证书；日语专业四级或八级证书；大学俄语四级证书。

（3）计算机应用基础免考条件。

① 除计算机类专业学生外，获得全国计算机等级考试一级 B 或以上级别证书者。

② 已参加统考，且成绩通过。

3.5.1.5 统考报名

在学籍有效期内，符合统考条件的学生可以根据个人实际情况，登录网络统考辅导网站自愿注册报名，或与所属学习中心（函授站）教师联系报考。学生自主网上报名流程如图 3-17 所示。

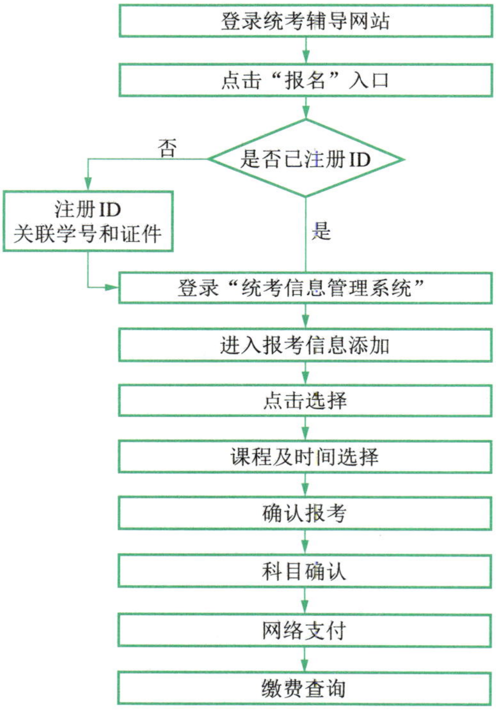

图 3-17　网上报名流程图

温馨提示

报名开始后，建议及早报名，选择就近的考试地点和合适的考试时间。如果拖到最后再报名，则无法预约到合适的考点和时间。严重的话，还可能由于在线人数太多导致无法报名。

3.5.2　网络统考复习备考

参加网络统考的考生，应以网络统考辅导网站为学习平台，重点学习统考复习资料，登录考试仿真系统进行反复练习，并按时参与视频答疑。

3.5.2.1　网络统考辅导网站

网络统考辅导网站包括通知公告、资料下载、仿真考试、视频答疑等功能，是学生备战统考的主要学习平台，如图 3-18 所示。

图 3-18　网络统考辅导网站

其主要功能如下：

（1）查看“通知公告”“统考政策”“报考指南”以及“常见问题”等栏目，了解考试动态以及考试工作安排。

（2）点击“统考资料”栏目，下载统考课程的复习资料及相关的辅导微视频。

（3）登录统考“视频答疑”房间，参与视频答疑课程，与辅导教师进行面对面交流，解决学习过程中的困惑。

（4）登录“练考系统”自主练习。该系统模拟真实的考试环境，不仅可以多阶段多次数地反复练习题库试题，还能看到最详细的试题解析。通过这种有针对性的强化训练，学生可以了解网络统考题型，熟悉统考环境，加深对所学知识和考试内容的掌握。

登录网络统考辅导网站主要有以下两种方式：

方式一：登录“个人工作室”进入“我的统考”栏目，点击“进入统考辅导网站”。

方式二：打开远程教育网站主页，点击“统考辅导”进入统考辅导网站，如图3-19所示。登录账号为学号，密码为1111。

图3-19 “石大在线”主页

3.5.2.2 统考复习资料

网络统考复习资料不仅对考试试卷结构、题型特点、重难点等做出详细的解读，而且还包含了大量的经典例题、案例分析以及预测试题等，是顺利通过考试的一把“钥匙”。登录网络统考课程辅导网站，输入学号和密码，即可下载电子版的复习资料。

3.5.2.3 视频答疑

报名结束后，学校组织网络统考视频答疑，以帮助学生了解考试大纲，掌握复习方法，解答学习疑惑。各统考课程视频答疑均安排在考前六周，具体答疑时间参照考前辅导通知。

3.5.2.4 QQ在线答疑

为了更好地为考生答疑解惑，学校专门开设了QQ辅导群，安排了具有多年教学经验的辅导教师在线帮助考生复习备考。

3.5.3　统考成绩

统考成绩按合格、不合格两级制评定，由网考办在考试结束一个月之后公布，具体发布时间请关注“石大在线”通知或全国统考网站通知。网考办不发放统考成绩单，考生的成绩只计入学生的学籍档案。

3.5.3.1　查询方式

登录网络统考辅导网站，在“查分入口”输入本人登录账号和密码进入“考生个人信息管理系统”，在“考生考试信息”菜单下“成绩信息查看”中可以看到成绩是否合格，如图 3-20 所示。同时还可以查看历次统考成绩、缺考、作弊、违纪等情况。

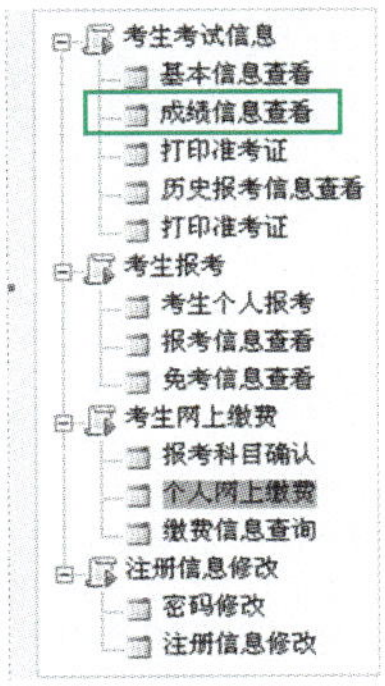

图 3-20　网络统考成绩信息查看

3.5.3.2　统考成绩复核

考生如对考试成绩有异议，可于考试成绩公布后 30 天内提出成绩复核申请，过期不予受理。成绩复核只能核查是否将“合格”误记为“不合格”，而不是进行重新阅卷。

考生必须本人提出成绩复核申请，登录中国远程与继续教育网（http://cdce.cn/）查看申请流程，并下载相关文件。按要求将所需相关申请文件邮寄给所属学习中心（函授站）。学习中心（函授站）审核、汇总之后，向相应考区办公室递交复核申请。各考区办公室按照工作流程，将成绩复核结果书面答复学习中心（函授站），学习中心（函授站）在规定时间内将复核结果电话及书面通知学生。

3.6 毕业大作业（适用于专科学生）

3.6.1　毕业大作业介绍

毕业大作业是专科教学计划的重要组成部分，是一门具有专业特点的综合实践性课程。通过毕业实践，接触课堂以外的实践知识，可以考察、巩固和充实所学理论知识，加强对相关内容的理解，加深了解社会对本专业的需要，从而促进所学知识与实际相结合，提高理论联系实际的能力和综合素质。专科学生在第四学期需撰写毕业大作业。

毕业大作业采取工作或专业实践报告的形式。毕业大作业的完成主要包括选课、撰写、教师指导、提交终稿等环节。

3.6.2　毕业大作业操作步骤

3.6.2.1　准备阶段

在毕业大作业开始阶段，了解毕业大作业各项工作的具体安排，认真学习《中国石油大学(华东)现代远程教育专科毕业大作业写作管理规定》。相关资料可在“课程文件”中查阅(图 3-21),为后续的毕业大作业做好准备。

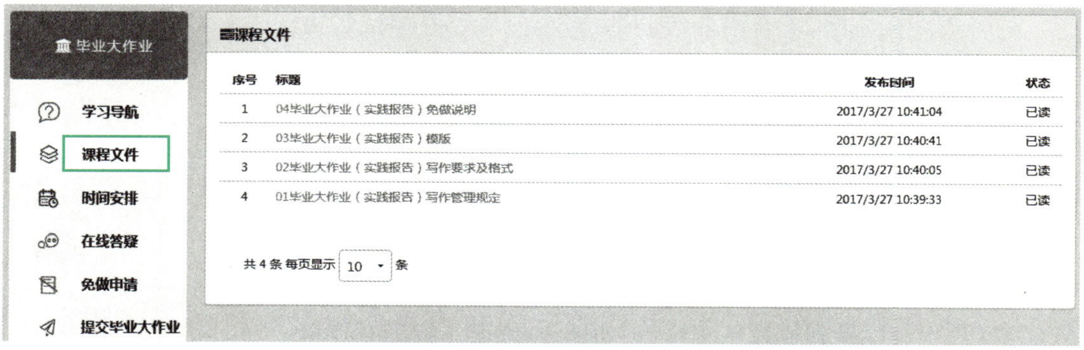

图 3-21　课程文件

在“学习导航”栏目中可查看毕业大作业的相关说明。

在“时间安排”栏目中可查看毕业大作业批次的详细信息,包括毕业大作业起止日期、免做申请时间、撰写毕业大作业时间等信息,如图 3-22 所示。

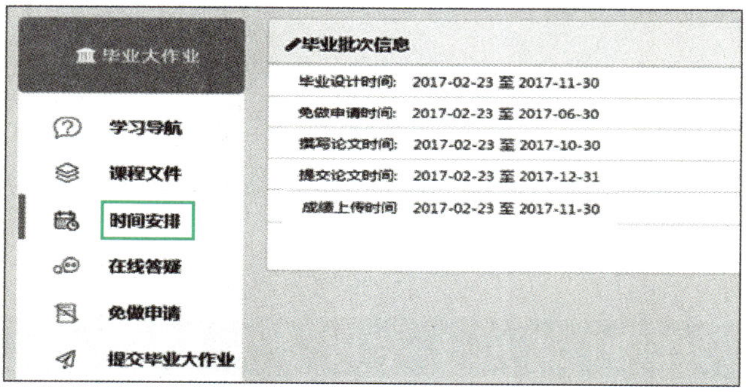

图 3-22　毕业大作业时间安排

3.6.2.2　免做申请

符合免做条件可以提交书面申请及相应佐证材料扫描件,如图 3-23 所示。具体免做申请条件可以查看《中国石油大学(华东)现代远程教育专科毕业大作业写作管理规定》中“关于免做毕业大作业的说明”。

3.6.2.3　毕业大作业撰写

在规定的时间内,毕业大作业撰写完成并经过修改、最终定稿之后,就进入“提交毕业大作业”阶段,提交后等待审核批阅即可,如图 3-24 所示。

按照毕业大作业整体时间安排,完成相应的写作环节。在任何环节,一旦逾期就无法继续进行后续环节,将无法顺利完成毕业大作业,最终影响按期毕业。

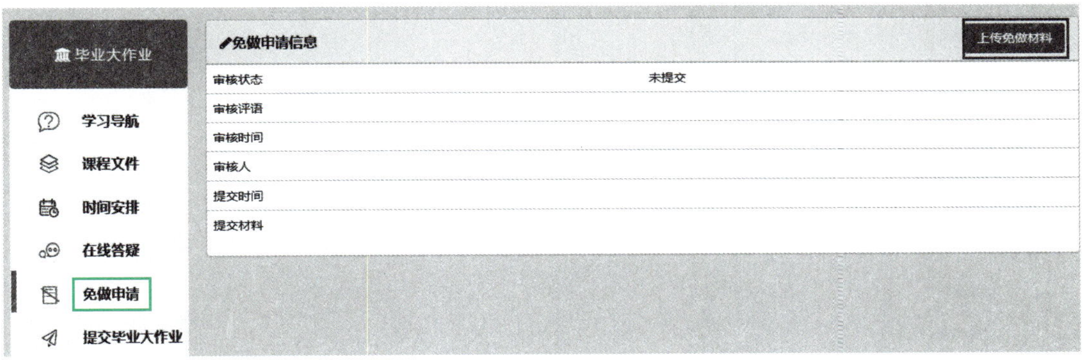

图 3-23 免做申请

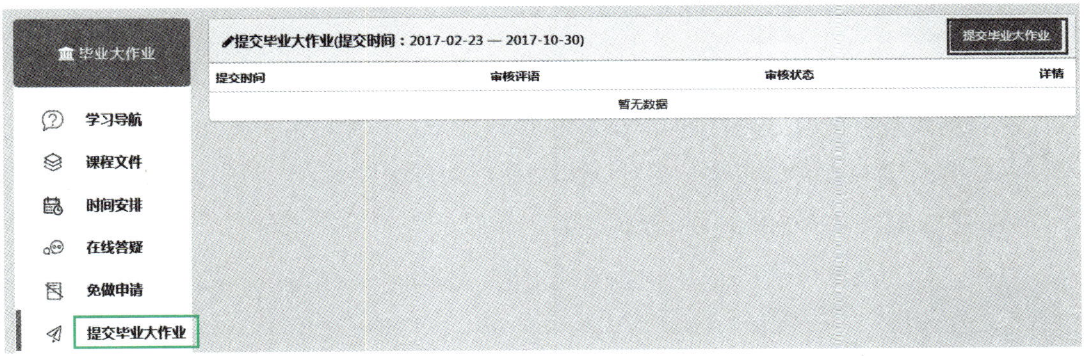

图 3-24 提交毕业大作业

3.7 毕业设计(论文)(适用于本科学生)

3.7.1 毕业设计(论文)介绍

毕业设计(论文)是专升本层次的学生毕业前必须完成的环节，一般安排在最后一学期。目前，我校现代远程教育毕业设计(论文)环节均通过平台在线完成。

本科毕业设计(论文)主要包括开题、撰写论文、提交论文、答辩(评审)等环节。论文指导教师通过平台对各环节内容进行评阅和指导。

3.7.2 毕业设计(论文)操作步骤

3.7.2.1 准备阶段

进入毕业设计(论文)课程网站页面后，首先查看一下“学习导航”中毕业设计(论文)的相关说明和“时间安排”中毕业设计(论文)批次的详细信息，然后在“课程文件”栏目中查看及下载毕业设计(论文)的相关说明、要求、参考表格等资料(图 3-25)，为后续的毕业设计(论文)做好准备。

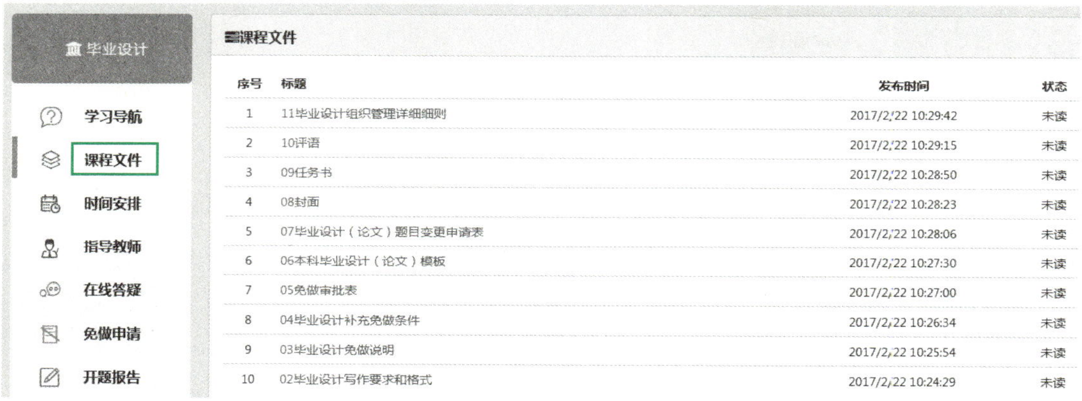

图 3-25 课程文件

3.7.2.2 免做申请

符合免做条件可以提交书面申请，如图 3-26 所示。具体申请步骤参考《中国石油大学（华东）现代远程教育本科毕业设计（论文）管理实施细则》中“关于免做毕业设计（论文）的说明”。若不符合免做条件，请进入开题环节。

图 3-26 免做申请

3.7.2.3 答辩、评审申请

毕业设计（论文）采取答辩、评审两种形式，即学生可以申请答辩，也可以申请评审。如果申请学位和参加学位考试，必须申请答辩，如图 3-27 所示。

3.7.2.4 开题

开题是毕业设计的重要环节。首先要进行调研和专业资料查阅，根据自己所学专业、知识结构、工作情况及个人兴趣等，选择毕业设计（论文）的研究方向，初步确定毕业设计（论文）的题目和主要内容以及研究方法、步骤和措施等。这些内容应在指导教师的指导下最终确定，并由指导教师填写任务书。最终，在“开题报告”栏目中完成开题信息的上报，如图 3-28 所示。

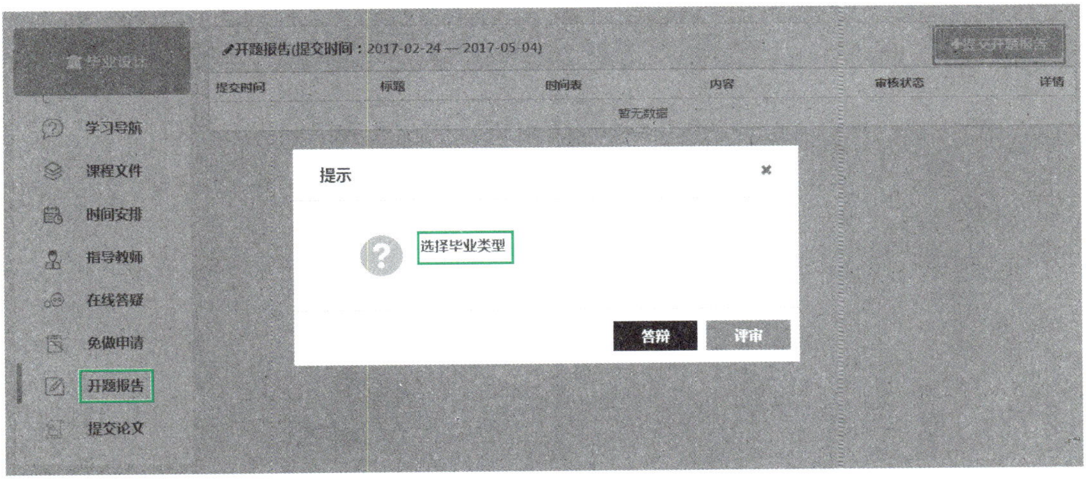

图 3-27　毕业类型选择

图 3-28　开题信息上报

在开题信息提交后，应及时与指导教师联系并接受指导。若开题审核不通过，应及时进行开题修改，直到修改内容获得指导教师认可后才可进入后续环节。

3.7.2.5　撰写提交论文

开题通过审核后，可在指导教师的指导下，根据毕业设计（论文）任务书的要求开展设计和研究工作，并完成论文初稿。毕业设计（论文）的时间一般为 20 周（5 个月）。

论文写作完成后，进入“提交论文”栏目中提交论文稿件，并根据指导教师意见进行修改，重新提交论文稿件，直至定稿，如图 3-29 所示。此外，也可在“在线答疑”模块与指导教师进行交互。

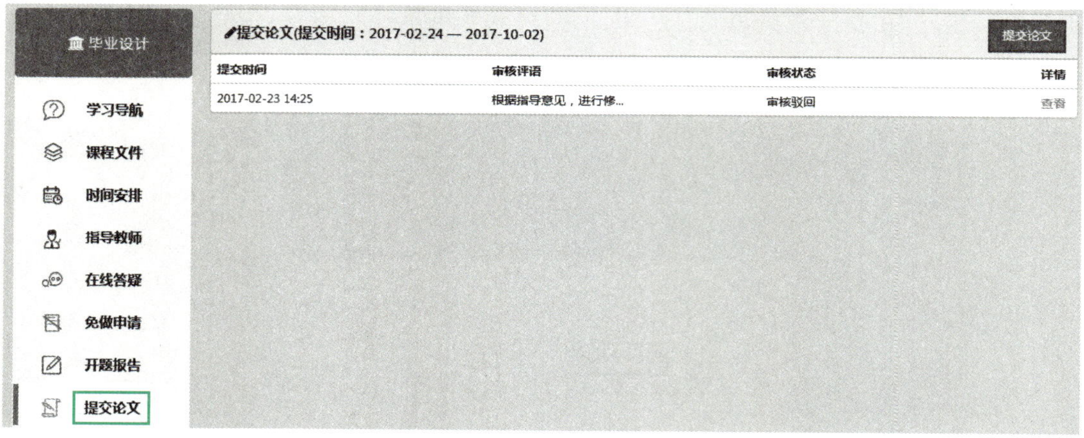

图 3-29　论文提交

如果在规定时间内没有完成或未按指导教师要求完成毕业设计(论文)，将自动顺延至下一批次重新进行。此外，如果毕业设计(论文)经答辩(评审)小组评定为成绩不合格，则须重新研究课题，完善、整改论文，随下届学生进行补答辩或评审。

3.7.2.6　远程答辩

远程答辩是基于实时多媒体交互系统，学校统一组织的答辩形式，是现代远程教育毕业设计(论文)答辩的主要形式。

远程答辩需注意以下事项：

(1) 根据学校的要求及时提交书面论文。

(2) 熟悉远程答辩流程和答辩系统。

(3) 了解答辩安排，做好答辩提纲。

(4) 答辩中应注意陈述简明扼要、重点突出，应答应直接、沉着。

3.8 学位考试(适用于本科学生)

在学期间符合学校规定的学士学位授予条件，可在毕业之前提出申请，学校会在学生毕业当年对学生的学位资格进行审查，符合条件者将统一上报学校学位委员会，学校学位委员会审批通过后授予学士学位。

小百科

学历与学位

1980 年 2 月，五届全国人大常委会第十三次会议通过了《中华人民共和国学位条例》，以法律形式将我国的学位制度固定下来，规定学位分为学士、硕士和博士。

学位不等同于学历。学位是标志被授予者的受教育程度和学术水平达到规定标准的学术称号，是评价学术水平的一种尺度。学位的授予建立在严格的科学训练和考核的基础上，获得学位，不仅是国家给予获得者的一种荣誉和鼓励，而且是获得者学习成绩和学术水平的客观标志。学历是指人们在教育机构中接受科学、文化知识训练的学习经历。一个人在什么层次的教育机构中学习，接受了何种层次的训练，便具有相应层次的学历。

3.8.1 授予条件

成人高等教育本科毕业生学士学位申请者应达到以下基本条件：

（1）遵守中华人民共和国宪法和法律，遵守学校根据国家有关政策和学校实际情况制定的规章制度。

（2）完成本科教学计划规定的各项要求，经审核予以毕业，无考试作弊记录，且所学课程平均成绩 70 分以上（含 70 分）。

（3）学位主干课程，含一门专业基础课、二门专业课，成绩在 70 分以上（含 70 分）。学位主干课程不单独组织考试，认可学习期间的考试成绩。

（4）毕业设计（论文）参加答辩，成绩达到中以上（包含中），且对照教育部令第 34 号《学位论文作假行为处理办法》未出现学位论文作假行为。

（5）学位外语成绩达到要求。

小百科

学位外语成绩要求

成人高等教育本科学生在申报学位前符合下列条件中任何一条即认定为学士学位外语考试成绩合格：

（1）取得全国英语等级考试三级（PETS-3）及以上级别笔试合格证书。

（2）取得全国大学英语四六级合格证书或成绩单在 420 分及以上。需出具获取上述证书或成绩时所在院校出具的有效证明。

（3）在籍期间参加省级学位外语考试成绩合格。其中，参加山东省以外省级学位考试需提前报学校备案审批。

3.8.2 学位外语考试

(1)全国英语等级考试三级(PETS-3)。

报名时间:每年报名两次,上半年考试报名时间一般在前一年12月份,下半年考试报名时间一般在当年6月份。

报名方式:部分省(市)使用网上报名系统,已开通网上报名省份的考生请登录http://pets.neea.edu.cn进行报名,未开通网上报名省份的考生具体报名方式请咨询当地教育招生考试院。

考试时间:每年考试两次,上半年一般在3月中旬,下半年一般在9月中旬。

考试地点:由各地市级教育招生考试院组织,考试地点参照当地通知。

(2)省级学位外语考试。

各省学位外语考试组织情况不同,报考省级学位外语考试需要前置备案程序。如需报考,学生需提前了解该省是否接收省外借考,若接收,可在报名前联系学校进行备案。

3.9 寻求帮助

在自主学习过程中一定会遇到很多问题,包括学术性问题、管理性问题和技术性问题。例如,不理解知识点,不会分析案例,不会解答题目,对教学环节安排有疑问,不了解免试等制度及申报流程,对平台操作、软件安装不熟悉等问题。当出现这些问题时,学生应该如何寻求帮助呢?

学校基于"以学生为中心"的服务理念,依托"学校—校外学习中心(函授站)"服务体系,建立了全方位、立体化的支持服务系统,包括"400"咨询系统、个性短信提醒系统、全程在线客服系统、网上自助缴费系统、教材自选配送系统、网上协作交互系统、工作动态报告系统,贯穿学生整个学习过程开展导学、助学、促学服务,为学生提供技术支持、制度支持、资源支持、文化支持、信息支持等。学生在学期间,可以得到全面的支持与帮助。下面对学术性支持服务、非学术性支持服务进行详细介绍。

3.9.1 学术性支持服务

当遇到学术性问题时,首先进入相关课程的"在线答疑""导学资料"等栏目浏览教师发布的导学资料、例题解析或案例分析等,以及其他同学的提问,查看是否有类似或相关的问题以及教师的解答;也可以观看视频答疑回放,查看教师是否对问题进行了讲解。

如果没有查到相关问题,可以在"在线答疑"栏目中进行提问或通过参与远程视频辅导、面授辅导求助,也可给辅导教师发电子邮件寻求帮助或邮件咨询学习伙伴等。

3.9.2 非学术性支持服务

如果是一些管理、技术类的非学术性问题，可参考本书第6章或登录教学平台的“常见问题”模块查看，看是否能获得相应帮助。

如果问题没有得到解决，可以通过以下方式解决：拨打全国统一服务热线“400-640-1953”咨询，登录平台“在线客服系统”进行在线咨询，在“留言板”上提问，通过“石大在线”官方微信和学习中心（函授站）班级QQ群寻求帮助。

特别提示

对学习者而言，亲朋好友的理解和支持不仅能创造一个适合学习的安静环境，同时也会提供持续学习的动力。另外，学习中有一个或多个志同道合的伙伴，会使学习者在学习的道路上不再孤独，也可以在平时学习过程中给彼此提供多方面的支持和帮助。

本章结束语

现代远程教育学习是一种全新的学习方式，在给学生带来全新体验的同时也会带来困难，当克服了重重障碍到达目标的山峰时，往往收获的不仅仅是证书和知识，还有良好的学习习惯和同学间的友谊！

本章要点回顾

※ 制订个人学习计划——科学合理的学习计划是学习成功的一半！

※ 选课——按时完成选课是开展后续学习的基础。

※ 查看学习导航——浏览课程日历、学习方法和成绩构成，对课程了然于胸。

※ 自主学习——教材、网络课件，自主学习双途径。

※ 参与辅导答疑——双向互动，答疑解惑。

※ 完成课程练习和在线作业——成绩重要组成部分，缺此不可。

※ 进行总复习——积极备考，厚积薄发。

※ 参加考试——多种考核方式，验证学习效果。

※ 网络统考——网络专升本学生获取学历的必要条件之一。

※ 毕业大作业、毕业设计（论文）——规范严谨，展现成果。

※ 学位考试及授予——积极参与，提升自我。

※ 寻求帮助——多渠道、全方位，答疑解惑。

学习活动

3.1 明确的学习计划可以提高学习效果。

在远程教育学习过程中，你一定制订过学习计划，请列出其中某个学习单元的计划及学习效果。

项目 时间	学习任务	遇到的困难和问题	解决方案	自我评价及收获

3.2 网络统考是网络本科学生在修业年限内参与并通过的全国统一考试，这也是毕业条件之一，对同学们的意义重大！通过以上章节的学习，你认为如何才能顺利通过网络统考呢？

（1）请将下列做法进行排序，并完成步骤表。

A. 登录仿真考试系统，进行反复练习

B. 登录统考辅导网站，下载复习资料及辅导微视频

C. 加入辅导 QQ 群，在线咨询辅导教师

D. 按时参加视频答疑，与辅导教师实时互动

步骤一	步骤二	步骤三	步骤四

（2）除了以上做法，你认为还有什么方法可以帮助你顺利通过考试？请列出你的建议：

① ____________________。

② ____________________。

③ ____________________。

3.3 Oh, my God！打篮球竟然可以提高“计算机应用基础”网络统考成绩。

如果你是一位篮球爱好者，除对篮球发自内心的热爱外，在学习篮球时经历了哪些过程呢？在学习的初期，要不断地练习自身的基本功，期间伴随着挫折和失败。如果想进一步提高自己的篮球技术，还要有专业人士指导。打篮球的过程是不是跟“计算机应用基础”网络统考的复习备考过程很像呢？来看几个顺利通过考试的同学的分享吧！

Amily 参加了学校组织的集中面授辅导，考前一周在机房突击练习操作题。

David 认真学习学校发布的《冲刺10套题》。

Tom 考前一个月自学“计算机应用基础”考试指定教材，期间多次参加学校组织的视频辅导。

Linda 加入学校的 QQ 辅导群，在自己的电脑上安装统考题库光盘，重点练习操作题。

通过以上的分享，针对“计算机应用基础”网络统考，你觉得哪些方法可以帮助你顺利通过考试呢？另外，你还需要哪些帮助？

3.4　在追求学位的道路上注定不会一帆风顺，当学习过程中遇到困难的时候，你会怎么做呢？请将选项填写到合适的位置。

你可能遇到的困难：

（1）对考试动态、政策导向一无所知时，____________________。

（2）想获取复习资料及复习方法时，____________________。

（3）遇到疑难知识点，无法理解时，____________________。

（4）想申请学位证书时，____________________。

你可以采取的办法：

A. 联系所属学习中心（函授站）老师，填写相关申请材料

B. 参加视频答疑，咨询辅导教师

C. 登录学位考试辅导网站，点击右侧“课件学习”栏目获取

D. 登录学位考试辅导网站，查看“通知”及“学位政策”栏目

第 4 章 现代远程教育教学平台操作

Chapter 4

我们将进入怎样的学习环境呢？本章将带你走进“石大在线”，进行实战演练。

4.1 概　述

学习活动主要在工作室完成，工作室界面从左到右分为三栏：左侧为导航栏；中间栏从上向下分别为个人信息区、通知公告区、课程学习区；右侧为功能拓展栏，包括教学日历、学习必备、快捷入口。整体界面如图 4-1 所示。

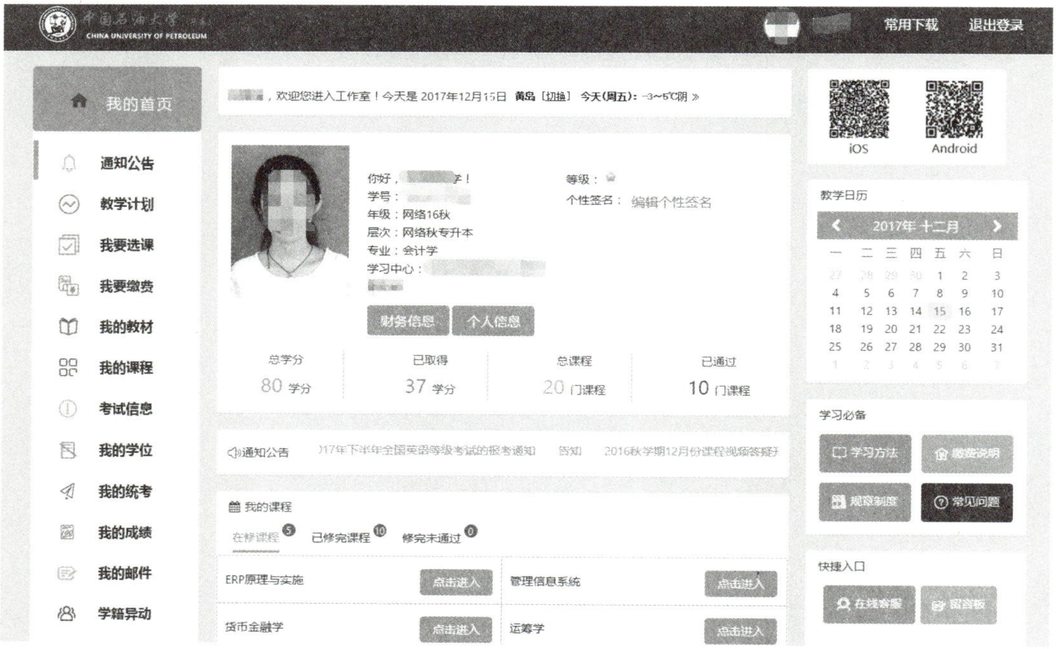

图 4-1　学生工作室整体界面

4.2 个人信息区模块

信息区主要包括学籍信息、学习整体进度信息以及财务信息，个人信息区如图 4-2 所示。

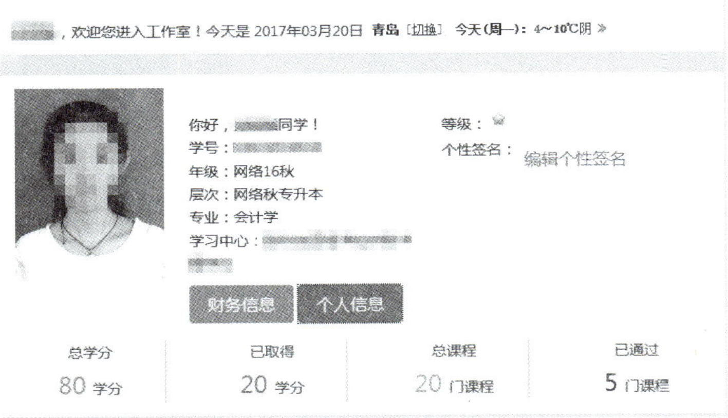

图 4-2　个人信息区模块

4.2.1　个人信息

个人信息包括照片、学号、年级、层次、专业、学习中心等信息，点击个人信息按钮，可以查看详细的个人信息，如图 4-3 所示。学生可以通过点击右上角"修改信息"按钮，修改个人的电话、工作单位等常用信息。

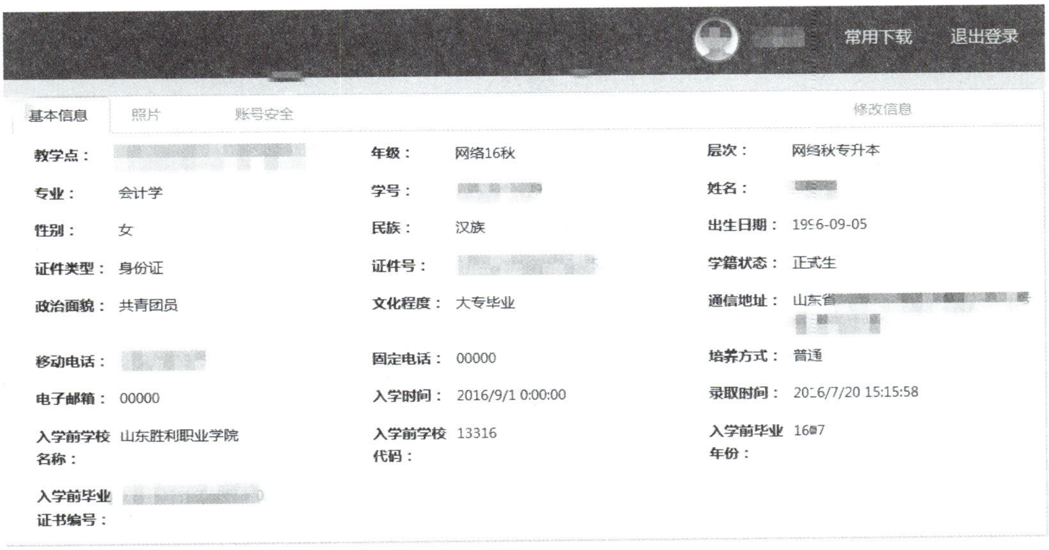

图 4-3　学生个人信息

点击“照片”选项卡，可以查看个人照片信息，如图 4-4 所示。

图 4-4 学生个人照片

点击“账号安全”选项卡，可以修改密码，如图 4-5 所示。

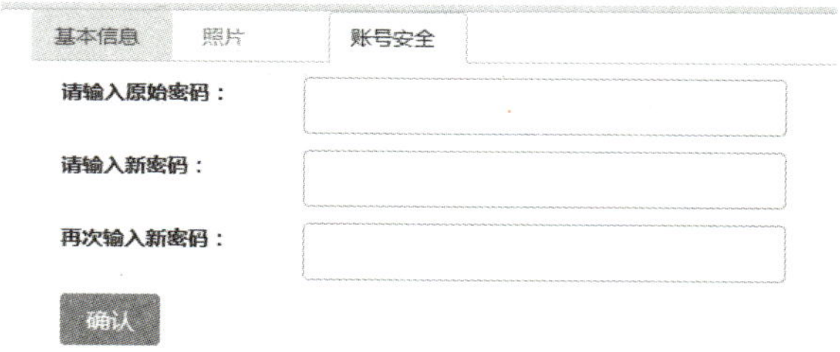

图 4-5 密码修改

4.2.2 财务信息

财务信息分为账户信息与费用明细。点击“账户信息”选项卡，可以查看账户余额，点击“充值”按钮，可以进入网上银行进行缴费。账户信息如图 4-6 所示。

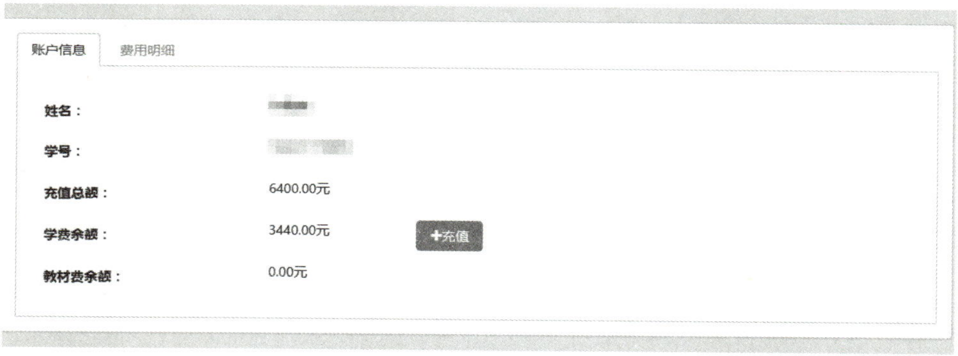

图 4-6 账户信息

点击主页面“财务信息”按钮默认显示费用明细，费用明细记录了缴费和扣费信息，如图 4-7 所示。

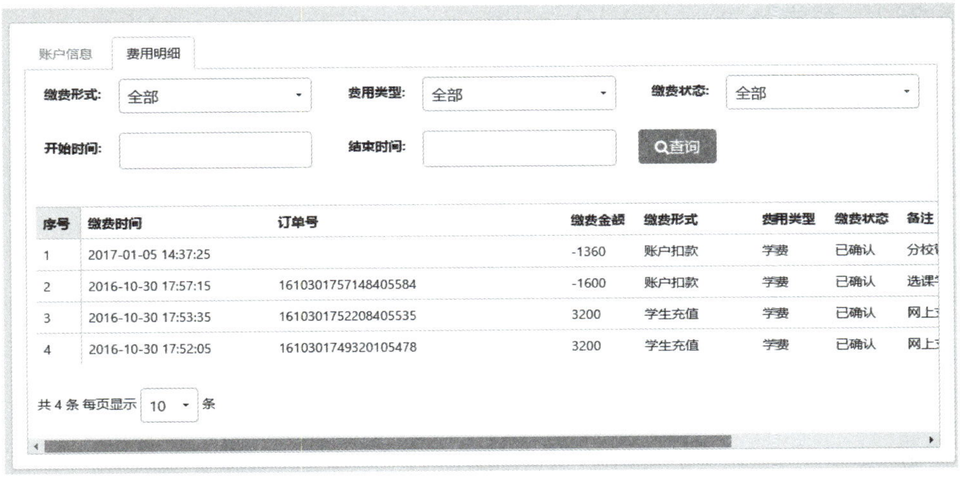

图 4-7　费用明细

4.3 功能导航区模块

4.3.1 通知公告

“通知公告”模块显示的是学校、学习中心(函授站)发送的各类教学安排的通知，阅读后状态显示为已读。学校、学习中心(函授站)可以查看学生对公告的阅读情况，如图 4-8 所示。

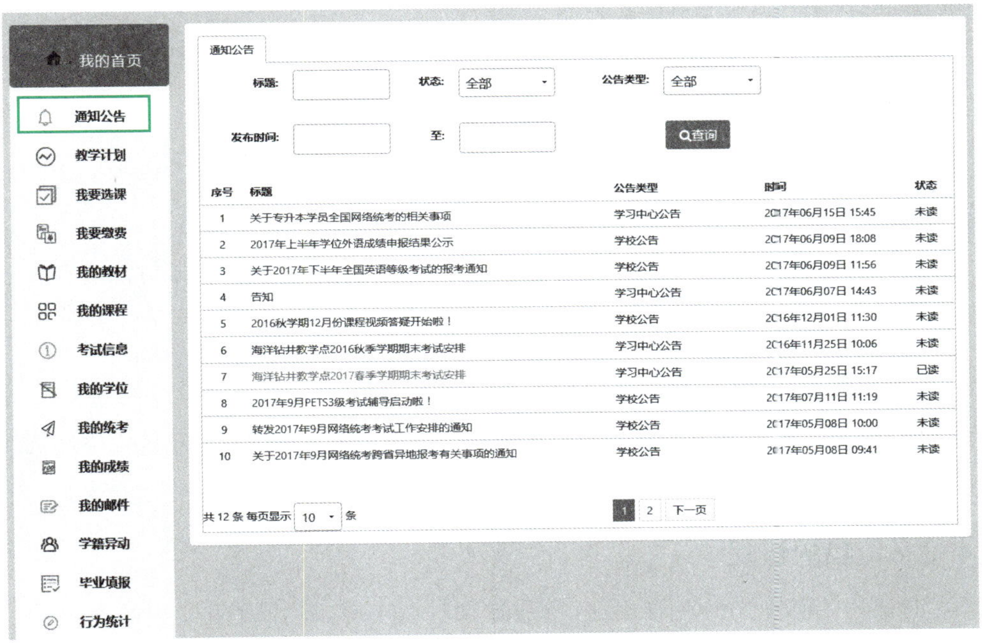

图 4-8　通知公告

4.3.2 教学计划

“教学计划”模块显示学生在读期间需要完成的所有课程目录，包括课程名称、课程性质、学分、选课情况、是否通过、开设学期，如图 4-9 所示。

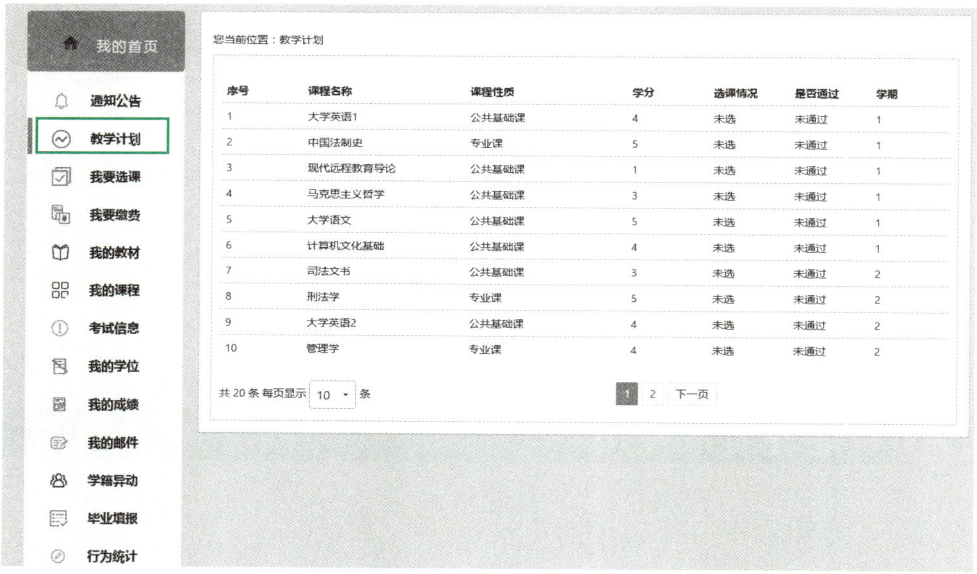

序号	课程名称	课程性质	学分	选课情况	是否通过	学期
1	大学英语1	公共基础课	4	未选	未通过	1
2	中国法制史	专业课	5	未选	未通过	1
3	现代远程教育导论	公共基础课	1	未选	未通过	1
4	马克思主义哲学	公共基础课	3	未选	未通过	1
5	大学语文	公共基础课	5	未选	未通过	1
6	计算机文化基础	公共基础课	4	未选	未通过	1
7	司法文书	公共基础课	3	未选	未通过	2
8	刑法学	专业课	5	未选	未通过	2
9	大学英语2	公共基础课	4	未选	未通过	2
10	管理学	专业课	4	未选	未通过	2

图 4-9　教学计划

4.3.3 我要选课

通过“我要选课”模块，可以进行选课、网上订购教材等操作（详见 3.2.3 选课及教材配送）。确认选课之后，填写（选择）教材邮寄地址，确认订单即可进行网上缴费。

4.3.4 我要缴费

本模块分为账户信息和费用明细两个部分（详见 4.2.2 财务信息）。学生入学之后，通过“我要缴费”模块进行学费的充值及缴纳（详见 3.2.2 学费充值）。

缴费完成后可以到工作室“财务信息”栏查询。非中行卡缴费到账可能会存在延迟，系统会在 24 小时内完成确认。

4.3.5 我的教材

选课缴费后，可以通过“我的教材”模块查看教材订单信息，也可通过本模块添加、编辑教材的配送地址，如图 4-10 所示。

4.3.6 我的课程

“我的课程”模块分为在修课程、已通过课程两部分，可以查看课程的名称、教师信息、学习情况、作业次数，如图 4-11 所示。

图 4-10　我的教材

图 4-11　我的课程

4.3.7　考试信息

考试信息分为两个部分，即考试安排和免试申请。

4.3.7.1　考试安排

“考试安排”显示当前考试批次信息，考试由学校统一安排。可以通过本模块查看考试信息，包括课程名称、考试形式、场次、考试开始时间、考试结束时间、考场、地点、座位号、状态，如图 4-12 所示。

图 4-12　考试安排查看

4.3.7.2　免试申请

如果符合学校免考的条件，可以通过“免试申请”模块提交相应的材料申请课程免试，如图 4-13 所示。免试申请通过后，课程获得总评成绩，课程状态变为已通过。如果先安排了考试，后申请并通过了课程免试，则课程成绩通过，但考试信息仍然显示该课程的考试信息。

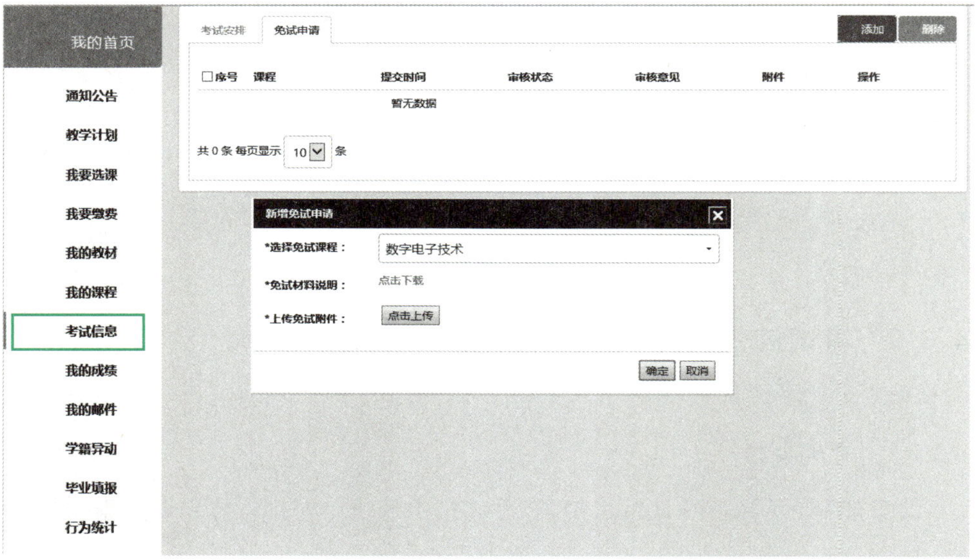

图 4-13　课程免试申请

4.3.8　我的学位

符合学位外语免试条件的同学(专科学生工作室没有本模块),可以通过“我的学位”模块提交学位英语的免试材料,如图 4-14 所示。

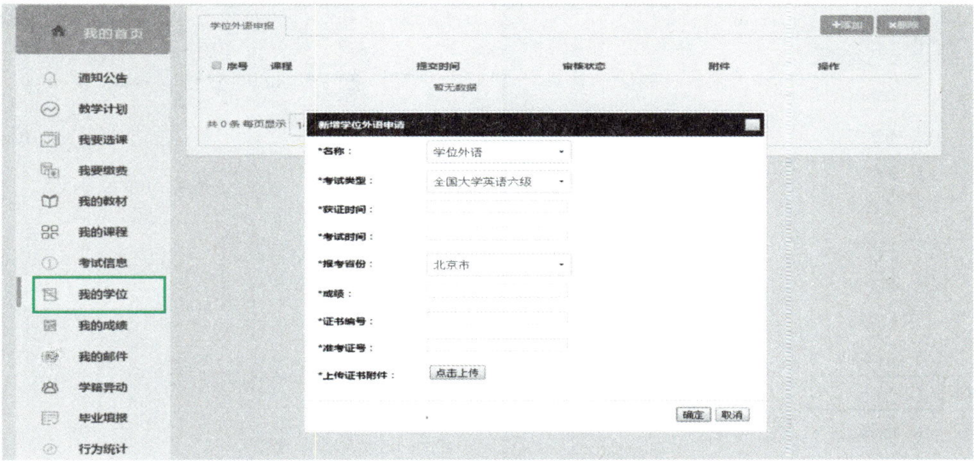

图 4-14　学位外语免试申请

4.3.9　我的统考

网络教育本科学生需要参加网络统考(专科学生工作室没有本模块),点击“我的统考”模块可以查看统考成绩,如图 4-15 所示。点击“添加免试申请”按钮可以查看统考免试条件、提交免试材料申请免试。

图 4-15　我的统考

4.3.10 我的成绩

“我的成绩”模块显示已选课程的成绩信息，包括各个分项成绩、总评成绩、免试信息、发布状态等，课程成绩状态由课程的总评成绩决定。“我的成绩”页面如图 4-16 所示。

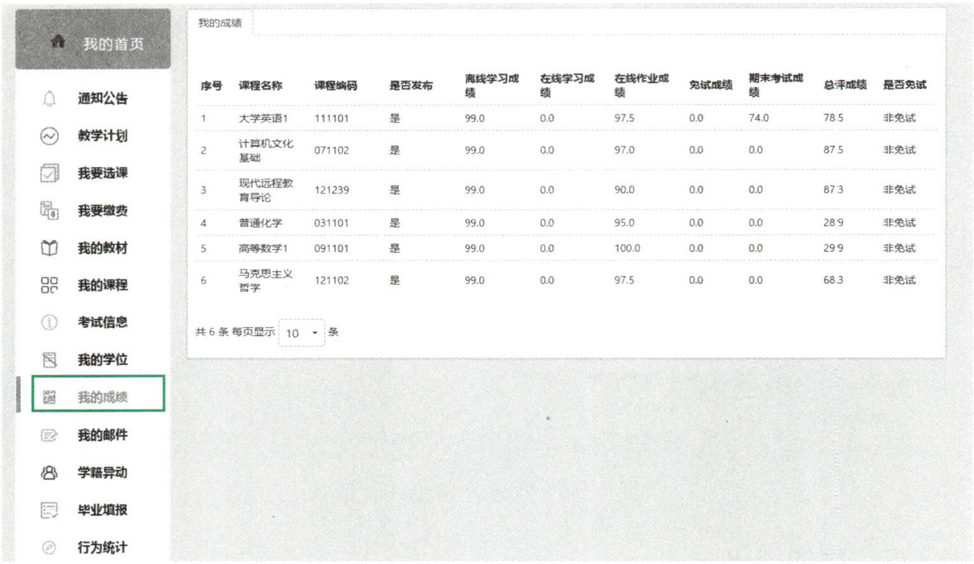

图 4-16 我的成绩

4.3.11 我的邮件

可以通过“我的邮件”模块给同学、老师发送站内邮件，如图 4-17 所示。

图 4-17 我的邮件

4.3.12　学籍异动

如因工作变动等原因需要改专业，可以在第一学期通过“学籍异动”模块提交转专业的申请，经学习中心（函授站）初审、学校终审通过后，完成专业的变动。学籍异动页面如图 4-18 所示。

图 4-18　学籍异动

4.3.13　毕业填报

毕业前需要提交毕业生档案信息，学校开通填报之后，符合条件的学生通过“毕业填报”提交毕业档案信息，如图 4-19 所示。

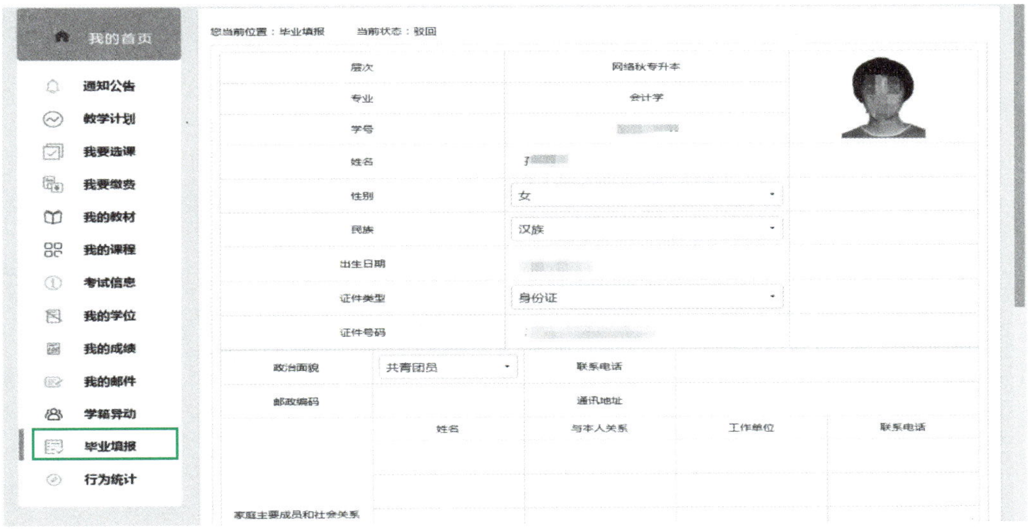

图 4-19　毕业填报

4.3.14 行为统计

“行为统计”模块记录了学生课程学习的信息，包括课程的学习时长、学习进度、作业完成情况，如图 4-20 所示。

图 4-20 行为统计

4.4 功能拓展区模块

功能拓展区域主要包括教学日历、学习必备、快捷入口三个栏目，页面如图 4-21 所示。

4.4.1 手机 App 下载

使用手机浏览器、QQ 扫一扫功能等，扫描对应的二维码，即可下载相应的手机 App。

4.4.2 教学日历

教学日历显示当前的日期信息及教学计划信息。

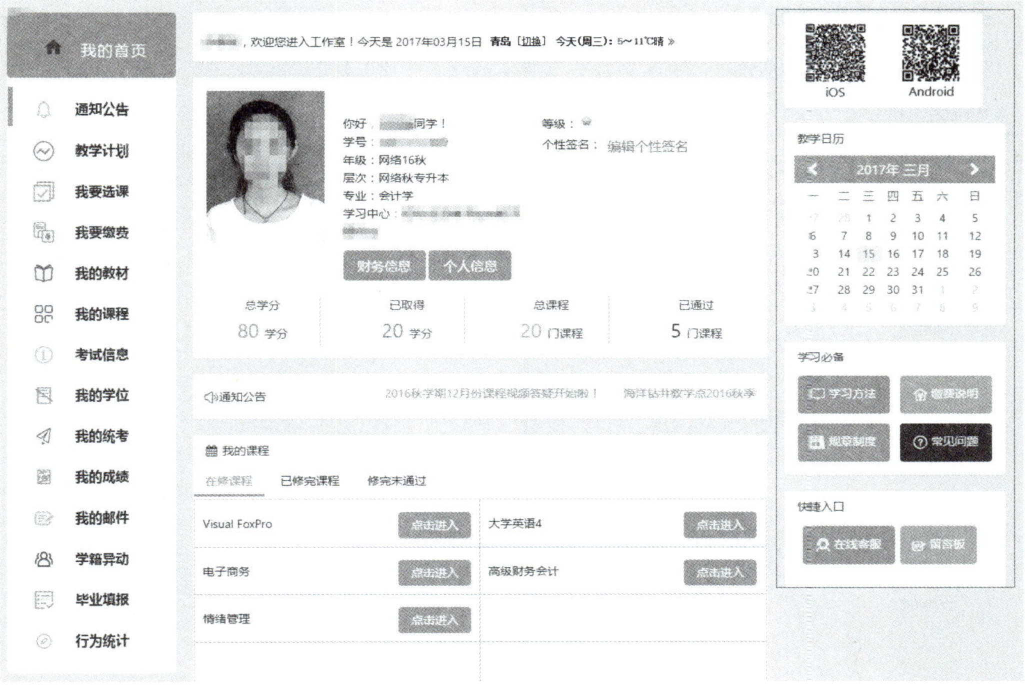

图 4-21　功能拓展区

4.4.3　学习必备

4.4.3.1　学习方法

“学习方法”栏目显示的是学校发布的关于学生课程学习的材料，如图 4-22 所示。

图 4-22　学习方法

4.4.3.2 缴费说明

"缴费说明"栏目提供了平台缴费、选课的指南，如图 4-23 所示。

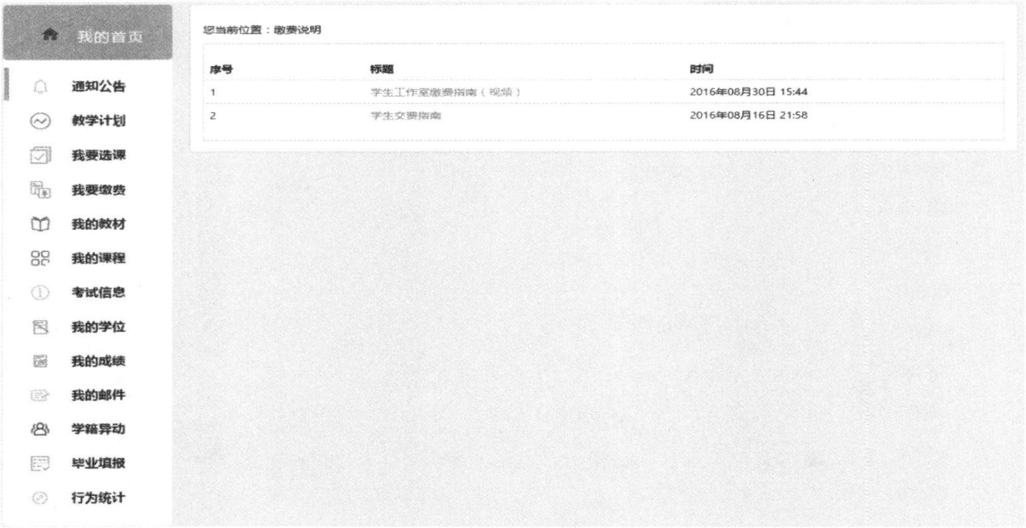

图 4-23 缴费说明

4.4.3.3 规章制度

"规章制度"栏目列出了学校在招生、教学、学籍、考务等各方面的规章制度，如图 4-24 所示。

图 4-24 规章制度

4.4.3.4 常见问题

“常见问题”栏目列出了学习过程中常见的问题及解决方案，如图 4-25 所示。

图 4-25 常见问题

4.4.4 快捷入口

4.4.4.1 在线客服

学习过程中遇到问题，可以通过“在线客服”栏目咨询，如图 4-26 所示。

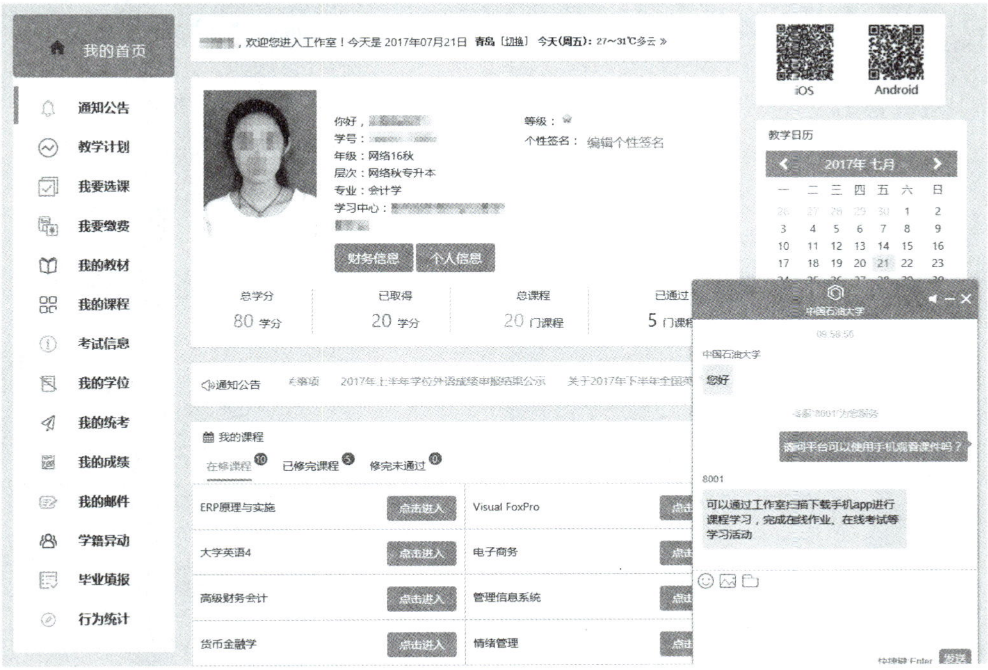

图 4-26 在线客服

4.4.4.2 留言板

在学习过程中遇到的问题可以在“留言板”进行提问，也可以查看其他同学的问题及学校老师对各种问题的回复，如图 4-27 所示。

图 4-27 留言板

4.5 通知公告区模块

工作室首页“通知公告”栏目滚动显示学校、学习中心（函授站）发布的通知公告，点击之后可以查看相应的通知公告（详见 4.3.1 通知公告），如图 4-28 所示。

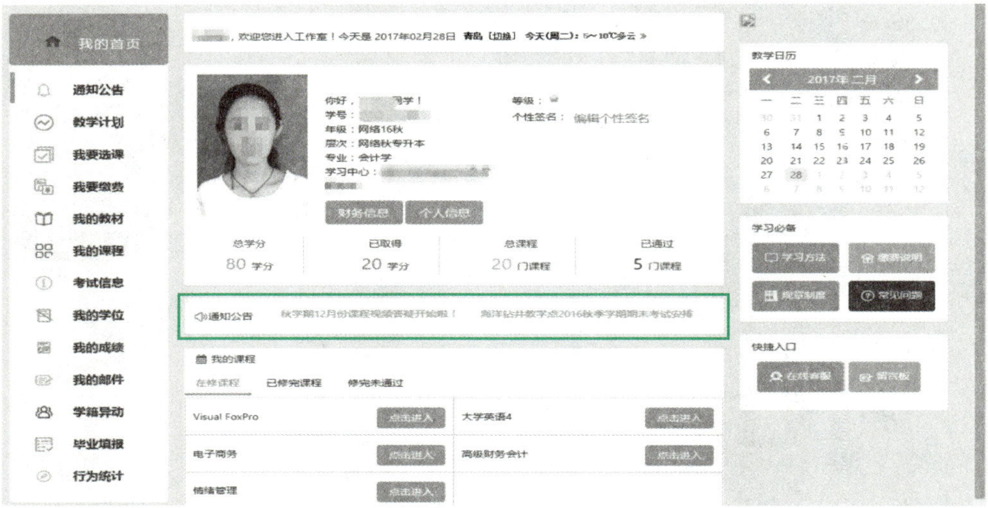

图 4-28 通知公告区

4.6 课程学习区模块

工作室中部最下方的模块是课程学习区模块，默认显示在修课程，可以点击“已修完课程”查看已经通过的课程列表，通过“修完未通过”列表查看需要补考的课程，如图 4-29 所示。

图 4-29　课程学习区

4.6.1　学习导航

点开课程默认的是学习导航页面，学习导航介绍了课程的学习方法、活动安排以及课程成绩构成比例，如图 4-30 所示。

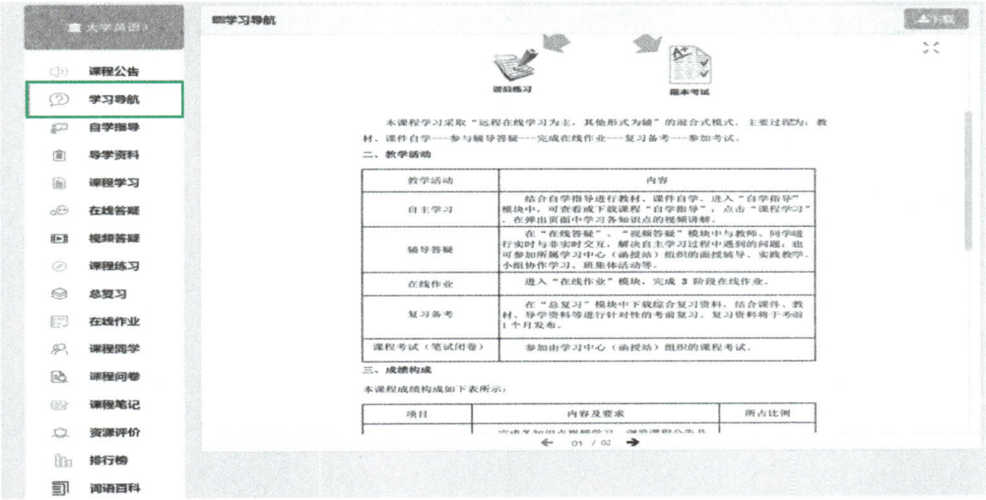

图 4-30　学习导航

4.6.2 课程公告

课程公告页面显示学校、教师发布的关于课程、学习的公告信息，如图 4-31 所示。

图 4-31 课程公告

4.6.3 自学指导

自学指导页面显示课程各章节重要知识点及学习建议，如图 4-32 所示。

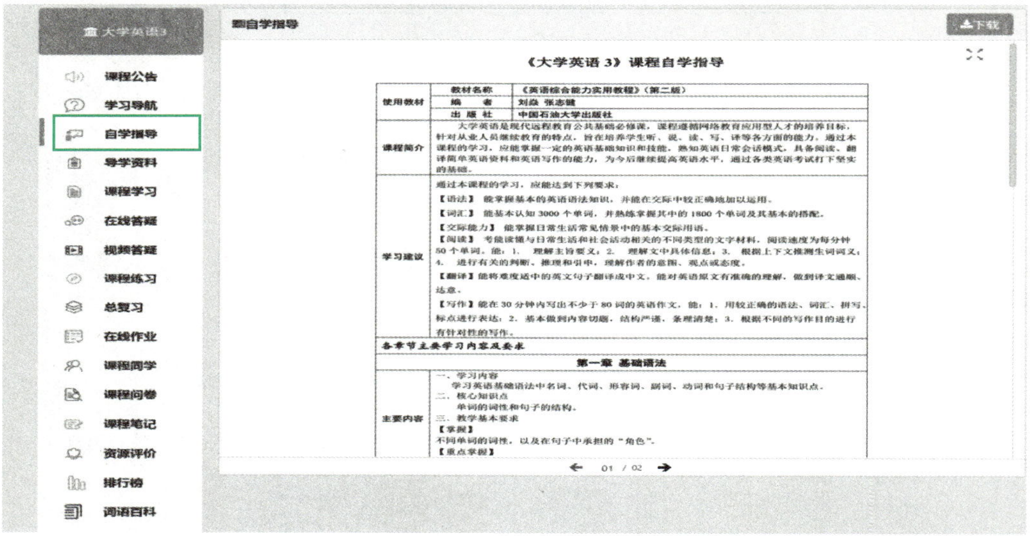

图 4-32 自学指导

4.6.4 导学资料

教师会定期在导学资料页面发布相关课程知识点，如图 4-33 所示。

图 4-33　导学资料

4.6.5　课程学习

课程学习页面显示的是课程的视频讲解(图 4-34),点击对应的章节目录,可以观看相应的课程视频,系统自动记录学习时间和进度。结束学习离开时请点击确认,直接关闭浏览器可能会出现无法记录学习时间的现象。重复观看同一视频或者同时打开多个页面均无法记录课程进度。

图 4-34　课程学习

4.6.6　在线答疑

学生遇到的课程问题可以在本模块提问，也可以查看、回复其他同学的提问，如图4-35所示。

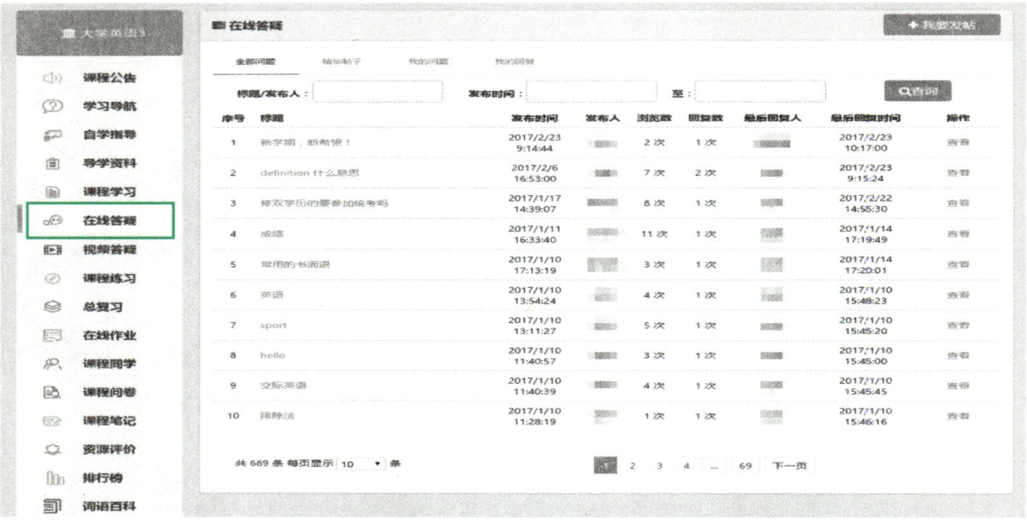

图 4-35　在线答疑

4.6.7　视频答疑

页面显示学校关于课程视频答疑的安排，学生可以在规定的时间内进入答疑室听辅导教师讲解课程重点，向教师提问。如辅导答疑未能参加，可以查看视频回放，如图4-36所示。

图 4-36　视频答疑

4.6.8　课程练习

课程练习页面显示课程教师提供的课程练习题，如图 4-37 所示。

图 4-37　课程练习

4.6.9　总复习

教师在课程考试前一个月发布课程的总复习题，如图 4-38 所示。

图 4-38　总复习

4.6.10　在线作业

每门课程的在线作业设置为 1～3 个阶段，每阶段提供三次测试机会，最终成绩是提取每阶段成绩的最高分数，如图 4-39 所示。

图 4-39　在线作业

4.6.11　课程同学

课程同学页面显示正在学习本门课程的同学，可以点击姓名发送站内信，如图 4-40 所示。

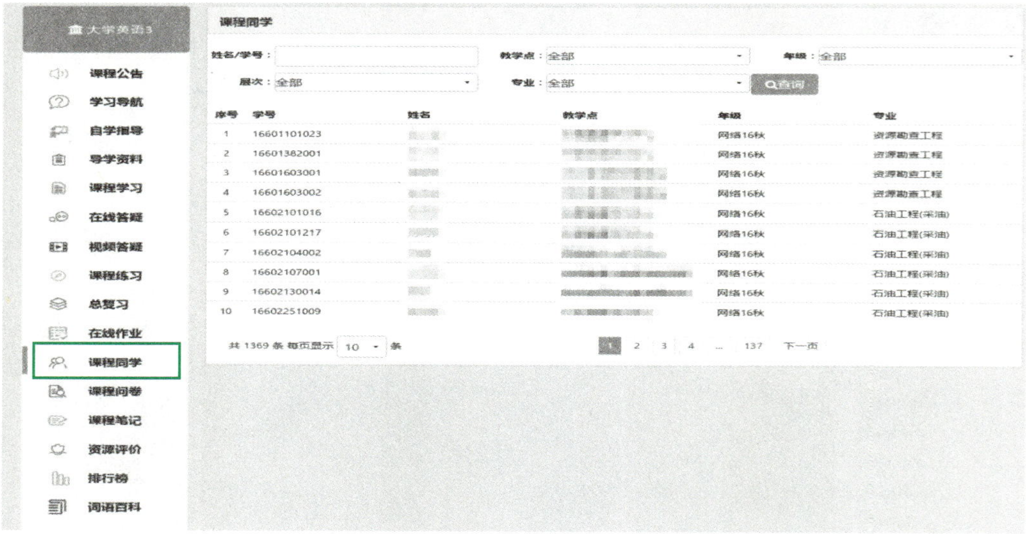

图 4-40　课程同学

4.6.12　课程问卷

课程问卷页面显示教师针对课程发布的调查问卷，如图 4-41 所示。

图 4-41　课程问卷

4.6.13　课程笔记

可以查看本课程所有的笔记、自己单独记录的笔记，笔记记录在课程学习页面中，如图 4-42 所示。

图 4-42　课程笔记

4.6.14　资源评价

显示学生对课程视频资源的评价信息，可以在课程学习页面提交评价信息，如图 4-43 所示。

图 4-43　课程评价

4.6.15　排行榜

可以按学习成绩、学习进度查看本课程所有同学的排行记录，如图 4-44 所示。

图 4-44　排行榜

4.6.16　词语百科

教师在此栏目下可针对本课程重点概念及知识点发布拓展信息，如图 4-45 所示。

图 4-45　词语百科

学习活动

4.1　随着互联网技术的发展，网上购物、转账已经越来越方便。你可能在交易过程中遇到以下问题：

（1）使用快捷支付时系统提示交易限额，无法完成。

（2）输入了正确的密码却提示密码有误。

（3）提示通信错误，未能完成交易。

（4）交费后，没有实时到账。

（5）银行页面显示不支持 ×× 版本的浏览器或者支持 ×× 版本的浏览器。

遇到这些问题时，你可以尝试以下解决方法：

（1）遇到限额可以尝试使用网银支付，网银支付虽然也有限额，但额度较快捷支付大，一般的缴费不会达到网银支付的限额。

（2）确认手中的 U 盾是否已经到期，如已过期，需到附近的银行网点重新申请授权。

（3）如果网络不顺畅，交易也会失败，可以过一会儿再试一次。

（4）学费、教材费缴纳一般会实时到账，有时因银行网络繁忙，会有一定的延迟，如 24 小时仍未到账，可以向学习中心（函授站）老师反馈问题，也可以拨打 95516 中国银联，确认订单状态。如交易失败，一般会在 7 个工作日内退回。

（5）如银行提示浏览器不合适，需要根据提示信息更换浏览器后重试。

如果你遇到其他问题，可以通过课程“在线答疑”栏目告知管理员；如果你已经解决了问题，请将宝贵经验分享给大家。

4.2　学生工作室是学生获取信息、完成学习的主要方式，工作室分为个人信息、导航菜单、课程列表、通知公告、学习帮助等不同区域，你还希望获取什么信息？你可以通过文字描述或者绘制图片的方式将你认为需要的内容告诉我们，或者将你的设计图反馈给我们。反馈方式如下：

咨询电话：拨打400-640-1953进行反馈。

微信公众号：关注“石大在线”微信公众号“upol1953”进行留言。

在线客服：通过工作室“在线客服”模块留言。

在线答疑；通过任意一门课程“在线答疑”模块留言。

留言板：通过工作室“留言板”模块留言。

第5章 现代远程教育最新进展

Chapter 5

无论你喜欢还是不喜欢，以MOOC、大数据、互联网+为代表的基于互联网及移动互联网的现代远程教育大革命已经到来。它如疾风暴雨般席卷全球，并深刻地影响全世界的每一个人。

5.1 MOOC重新定义学习

5.1.1 MOOC兴起：与众不同的网络课程

MOOC最早是由两名加拿大学者于2008年提出的。同年，另外两名加拿大学者应用这一概念开设了第一门真正的MOOC“联结主义与联结知识”在线课程。

2011年，斯坦福大学巴斯蒂安•特隆教授将“人工智能导论”课程免费放到网上，很快吸引了来自190多个国家的16万名学习者的关注，最终有2.3万人完成了这门课程的学习。课程结束不久，特隆教授组织开发了Know Labs的开放课程平台系统，也就是Udacity平台的前身。在巴斯蒂安•特隆教授的影响下，斯坦福大学教授安德鲁•恩格与达芙妮•科勒于2012年联袂开发了Coursera MOOC平台。同年，麻省理工学院在原有MIT的基础上，由MIT和Harvard合作开发了edX。以三大平台为代表的MOOC模式吸引了大量学习者、媒体和资本市场的关注。因此，2012年被誉为美国的“MOOC元年”。之后，很多国家相继推出了MOOC，如英国的FutureLearn平台、德国的iversity平台、法国的FUN平台、澳大利亚的Open2Study平台、荷兰的SURFnet平台、西班牙的Crypt4you平台和Miriada X平台以及芬兰的Eliademy平台等。亚洲的日本、印度、新加坡等国纷纷加入到MOOC的探索中，与主流的MOOC平台合作提供课程。

中国各类高等教育机构也积极参与到全球MOOC快速发展的浪潮中。北京大学、清华大学、上海交通大学、复旦大学先后与 Coursera 和 edX 开展合作，陆续推出 50 多门 MOOC 课程。2013 年 10 月，清华大学推出了“学堂在线”首家中文 MOOC 平台。随后，中国石油大学（华东）也推出了“MOOC 石大”（图 5-1）。2015 年，国内 37 所一流大学和奥鹏远程教育公共服务体系共同发起成立了“MOOC 中国”（图 5-2）。截止到 2016 年 3 月，“MOOC 中国”联盟参与单位已经达到 116 家。

图 5-1 “MOOC 石大”平台

图 5-2 “MOOC 中国”平台

5.1.2 什么是 MOOC

MOOC（Massive Open Online Course）即大规模开放式在线课程。MOOC 具有以下特征：课程主体免费向公众开放，学习者免费学习，授课与交流通过网络进行。

从技术角度来看，MOOC 与之前 e-learning、MIT 等名校开展的开放共享课程等在线学习模式没有本质区别。但是 MOOC 的独特之处在于生逢其时，因而具备了之前模式所不具备的优势：一是鲜明的互联网基因；二是适合广域，可实现跨地域学习；三是基于社会关系网络和知识关系网络；四是可资商业运营的想象空间；五是具有新时代的基因，天然地契合未来移动学习的需要。

下面为大家列举一些 MOOC 创始人与先驱者对 MOOC 内涵和意义的认识：

我们致力于通过研究来了解学生的学习方式，考察科技能够在何种程度上改变学习过程以及教师的教学方式在今后将如何变革与发展。

——edX MOOC 平台系统

（MOOC）具有深厚的潜力，向我们提供了一个前所未有的视角，来深度思考与理解人类的学习活动。通过 MOOC 项目采集的数据具有无可比拟与不可替代性。面对客观记录数以万计学习者学习资料的样本库，你可以从中抽取任何一次点击、任何一次作业或者任何一条主题帖来进行比较研究。如此对人类学习活动的假设研究将转变为更为扎实与客观的数据研究，这是一种研究方式的彻底变革。当然，通过对 MOOC 项目搜集而来的数据的合理利用，你还可以解决更多基础性问题，例如：何谓良好的学习策略？它有哪些高效和优越的特征？

——达芙妮•科勒，Coursera MOOC 平台系统合作创始人

5.1.3 未来，MOOC 将何去何从

对于 MOOC，有人赞许，有人期待，还有更多人质疑。它从诞生之初，就不乏质疑者和反对者。近两年的实践表明，MOOC 存在明显的缺陷，包括：极低的结课率；孤独的学习体验；匮乏且存在瑕疵的评测手段；未成功兑现“向世界范围内几百万缺乏教育资源的年轻人提供高质量教育”的诺言；找不到盈利模式让投资人逐渐失去了耐心等。

2013 年，Udacity 创建者巴斯蒂安•特隆宣布，公司发展战略核心发生分化，部分战略由最初的“重塑整个高等教育体系”等较为激进的愿景向“为民众提供职业培训服务”等较为温和的目标转移。

未来，这场 MOOC 革命到底会走多远？

MOOC 的迅猛发展，使数以万计的学习者选择同一时间进行学习成为可能。其为消除学费的高昂、打破教育资源的垄断所做的不懈努力为大家有目共睹，这也充分证明了 MOOC 项目的利他性动机和发展宗旨，绝非打着教育暴利的幌子。社会进化与制度变迁是人类难以抗拒的自然规律，就像所罗门宝瓶中释放的巨魔，无论你是哀求还是威胁，均无法轻易将其塞回瓶内，重新贴上封印。最为明智的应对方式是寻找能够驾驭巨魔的人，并思考怎样才能合理利用其为己服务。理解以上观点，将有助于我们以科学、客观的态度分析 MOOC 项目的发展前景。无论 MOOC 的未来将走向何方，它必将在人类高等教育的

进化史上留下浓墨重彩的一笔。

5.2 大数据变革生活与思维

5.2.1 何为大数据

大数据闪电般席卷全球，迅速从概念转化为实践，给各个行业领域带来颠覆式的改造和创新，成为任何人都无法忽视的一股革命性力量。中国目前已是全球领先的数字技术投资和应用大国，业务遍及全球的中国互联网三巨头“BAT”（百度、阿里巴巴、腾讯）正在布局多行业、多元化的数字生态系统。什么是大数据呢？麦肯锡给出的定义是：大数据是指大小超出了常规数据库工具获取、存储、管理和分析能力的数据集合。大数据技术描述了一个技术和体系的新时代，被设计于从大规模多样化数据中通过高速捕获、发现和分析技术提取数据的价值。大数据具有四个显著特点：容量、多样性、速度和价值。

大数据的出现使得通过数据分析获取知识、商机和社会服务能力从以往的因果关系的追求中解脱出来，转而将注意力放在相关关系的发现和使用上。只要发现两个现象之间存在的显著相关性，就可以创造巨大的经济或社会效益。大数据之所以可能成为一个“时代”，在很大程度上是因为这是一个可以由社会各界广泛参与、处处结果的社会运动，而不仅仅是少数学者的研究对象。

5.2.2 拥抱“大数据时代”

早晨醒来，智能手环记录下我们的睡眠时间和睡眠质量。吃完早餐，匆匆挤上上班的公交车或地铁，“滴”的一声，交通卡刷卡器已经记下了我们的上车地点和上车时间。一路上刷朋友圈、看新闻，手机记录下我们偏好的内容，或是电影，或是综艺，或是理财产品。下班后约几个朋友去吃饭，打开美团、百度糯米等 App 搜搜附近评价好的餐厅，App 留下了我们的痕迹。大数据正在改变我们的生活以及了解世界的方式，从商业、科技到医疗、政府、教育、经济、人文以及社会的其他各个领域，成为新发明和新服务的源泉，而更多的改变正蓄势待发。

5.2.2.1 大数据变革公共卫生

在甲型 H1N1 流感爆发的几周前，互联网巨头谷歌公司的工程师们在《自然》杂志上发表了一篇引人注目的论文。这篇论文令公共卫生官员们和计算机科学家们感到震惊。文中解释了谷歌为什么能够预测冬季流感的传播：不仅是全美范围的传播，而且可以具体到特定的地区和州。谷歌通过观察人们在网上的搜索记录来完成这个预测，而这种方法以前一直被忽略。谷歌保存了多年来所有的搜索记录，而且每天会收到来自全球超过 30 亿条的搜索指令，如此庞大的数据资源足以支撑和帮助它完成这项工作。谷歌公司为了测试这些检索词条，总共处理了4.5亿个不同的数学模型。将得出的预测与美国疾控中心记录的两年的实际流感病例进行对比后，谷歌公司的软件发现了45条检索词条的组合，将它们用于一个特定的数学模型后，其预测与官方数据的相关性高达97%。所以，甲型H1N1流感爆发的时候，与习惯性滞后的官方数据相比，谷歌成为一个更有效、更及时的指示标。

5.2.2.2　大数据变革商业

经济领域是大数据创新应用的沃土，互联网系统完整记录着每一个生产者、每一个消费者所产生的数据，包括购买行为、支付行为、空间位置、社交行为、兴趣爱好等。

孟山都是美国一家跨国农业生物技术公司，其生产的旗舰产品农达（Roundup）是全球知名的除草剂，长期占据市场第一位。该公司目前也是基因改造（GE）种子的领先生产商，占据了农作物种子很大的市场份额。孟山都首先发起"Green Data Revolution"运动，建立农业数据联盟（Open Ag Data Alliance）来统一数据标准，让农民不用懂"高科技"也能享受到大数据的成果。典型的应用如：农场设备制造商John Deere与DuPont Pioneer当前联合提供"决策服务（Decision Services）"，农民只需在驾驶室里拿出平板电脑，收集种子监视器传来的数据，然后将其上传服务器，服务器就会把化肥的配方发送到农场设备上。

大数据挖掘商业价值的方法主要分为四种：

（1）客户群体细分，然后为每个群体量身定制特别的服务。

（2）模拟现实环境，发掘新的需求同时提高投资的回报率。

（3）加强部门联系，提高整个管理链条和产业链条的效率。

（4）降低服务成本，发现隐藏线索进行产品和服务的创新。

5.2.2.3　大数据变革教育

在以移动互联网、物联网、云计算、数据挖掘、学习分析等综合技术为基础的大数据时代，技术正在引发教育的深刻改变。

在"石大在线"平台使用过程中，学校积累了大量的教学和学生信息数据，设计开发了"大数据动态监控系统"。通过对学生学习、教师导学等相关数据的挖掘和分析，发现学生学习行为和学习轨迹。通过大数据挖掘和分析，发现学生的行为和偏好、教师的导学效果、不同合作单位对学生的助学程度，以便于加大监管力度，同时为学生提供个性化的、有效的教学支持。

5.2.3　大数据的风险

进行大数据分析可以轻松地看到大数据的价值潜力，极大地刺激着进一步采集、存储、循环利用个人数据的野心。随着存储成本继续暴跌而分析工具越来越先进，采集和存储数据的数量和规模将面临爆发式的增长。

我们时刻都暴露在“第三只眼”之下：淘宝、京东监视我们的购物习惯，百度、360监视我们的网页浏览习惯，而微博、QQ空间、朋友圈似乎什么都知道，不仅窃听到了我们心中的“他或她”，而且窃听了我们的社交关系网。

5.3 互联网+

当“互联网+”从概念变成现实，当很多此前想象不到的服务在现实中轻松一“点”即可享受时，人们惊呼：“互联网+”比孙悟空还神通广大。

5.3.1 “互联网+”的提出背景和本质

2015年3月5日，李克强总理在第十二届全国人民代表大会政府工作报告中，第一次提出了“互联网+”行动计划，提出了将移动互联网、云计算、大数据、物联网等与现代制造业相结合，促进电子商务、工业互联网和互联网金融的健康发展，引导互联网企业拓展国际市场。

什么是“互联网+”？其本质是什么？

“互联网+”是创新2.0下互联网发展的新业态，是知识社会创新2.0推动下的互联网形态演进及催生的经济社会发展新形态。简单地说，就是“互联网+××传统行业=互联网××行业”。例如，传统的百货超市+互联网有了淘宝，传统银行+互联网有了支付宝，传统交通+互联网有了滴滴打车等。它对传统产业不是颠覆，而是换代升级，是对新一代信息技术和知识社会创新2.0相互作用、共同演化的高度总结。“互联网+”将以云计算、大数据、移动互联等新一代信息技术为代表，与传统制造业、服务业相结合，打造新的产业增长点，提升实体经济的创新力和生产力，促进国民经济增效升级。

5.3.2 “互联网+”的应用

5.3.2.1 “互联网+”教育

当今“互联网+”教育是一个非常热门的话题，做教育的在谈、创业的在谈、做互联网的在谈，甚至很多其他传统行业的人也在谈，人们似乎发现了一块新大陆。但事实上，让人们兴奋的更多还是“互联网”这层外衣，而脱去外衣之后，互联网教育真正的核心却是在“教育”二字上，“互联网”不过是手段和技术而已。

互联网教育并不是对传统教育的颠覆，恰恰相反，互联网教育是对教育本质的一种回归。真正的教育一定是以学习者为主体，满足个性化需求的，而且是伴随一个人终身的过程。同时，教育更应该是互动性的，能够满足知识和经验的分享、交流、传承与创新。互联网教育恰恰可以通过技术手段来实现这些目标。

互联网教育的无边界可以用五个A来概括：Anytime（任何时间）、Anywhere（任何地点）、Anyone（任何人）、Any content（任何内容）、Any format（任何形式）。这些边界的打破才是互联网教育的真正变革。

Anytime：打破时间边界。学习变成碎片化过程，随时进行。

Anywhere：打破空间边界。学习可以在任何地点发生，而不局限于课堂。

Anyone：打破年龄边界。不同年龄和背景的人可以同时上课。

Any content + format：打破虚拟和现实边界。线上和线下教育内容完全打通，形成整体。

5.3.2.2 "互联网＋"金融

在金融领域，余额宝横空出世的时候，银行觉得不可控，也有人怀疑二维码支付存在安全隐患。随着国家对互联网金融的研究越来越透彻，银联对二维码支付也有了标准，互联网金融得到了较为有序的发展，也得到了国家相关政策的支持和鼓励。

"互联网＋"金融从组织形式上看，其结合至少有三种方式：第一种是互联网公司做金融，如果这种现象大范围发生，并且取代原有的金融企业，那就是互联网金融颠覆论；第二种是金融机构的互联网化；第三种是互联网公司和金融机构合作。

从2013年以在线理财、支付、电商小贷、P2P、众筹等为代表的细分互联网嫁接金融的模式进入大众视野以来，互联网金融已然成为一个新金融行业，并为普通大众提供了更为多元化的投资理财选择。对于互联网金融而言，2013年是初始之年，2014年是调整之年，而2015年是各种互联网金融模式进一步稳定客户、市场，走向成熟和接受监管的规范之年。

5.3.2.3 "互联网＋"交通

"互联网＋"交通已经在交通运输领域产生了"化学效应"，例如大家经常使用的打车软件、网上购买火车和飞机票、出行导航系统等。

从国外的Uber、Lyft到国内的滴滴打车、快的打车以及新兴的ofo共享单车，移动互联网催生了一批打车、拼车、专车和单车软件。虽然在全世界不同的地方仍存在不同的争议，但它们把移动互联网和传统的交通出行相结合，改善了人们出行的方式，增加了车辆的使用率，推动了互联网共享经济的发展，提高了效率，减少了排放，对环境保护也做出了贡献。

5.3.2.4 "互联网＋"职业培训

政府及企业需要更多懂"互联网＋"的人才，关于"互联网＋"的职业培训教育将会爆发。传统企业想改变企业架构，需要配备更多的专业技能职工。"互联网＋"职业培训面向两个群体：一是传统企业在职员工；二是想从事该行业的人员。

5.3.2.5 平台型电商

在电商方面，平台型电商及生态型电商广受关注，包括大型平台及地方平台，无论是淘宝、京东还是某地的小型商场，都会有更多的传统企业与其接洽。这些平台甚至会专门成立独立的“互联网 +”服务公司，更深入到企业内部。对于传统企业而言，在初期的转型实操上，更多的企业会选择加入一个平台，这样一方面可以从平台积累部分资源并学习其运营模式，另一方面可以避免自搭平台运营失败的风险。通过与其他商家在平台上合作，可更好地认知自身资源优势和不足，了解整体产业链布局，建立格局观。

5.3.3 “互联网 +”未来发展趋势

多数人在想到未来时，总觉得他们所熟知的世界将永远延续下去，而很难想象自己去过一种真正不同的生活，更别说接受另一个崭新的文明。

2017 年 4 月，在杭州举办的 2017 年中国“互联网 +”数字经济峰会上，发布了《中国互联网 + 数字经济指数（2017）》。报告显示，2016 年全国数字经济总量已占据全国 GDP 总量的 30.61%，“互联网 +”对国民经济的影响越来越大。

学习活动

5.1 自 2016 年网络综艺“井喷”以来，制作成本不断攀升，网络综艺从野蛮生长走向了精品化、多样化和 IP 化。例如，《中国有嘻哈》成为 2017 年夏天最大的赢家，一句“你有 freestyle 吗”让吴亦凡和嘻哈风靡互联网。

MOOC 自诞生以来，疾风暴雨般席卷全球，但是有些人认为 MOOC 终将昙花一现，难成气候。近几年的实践也表明，高辍学率、学分认定、评测标准、学术诚信、知识产权等问题一直困扰着 MOOC 的发展，甚至那些在 MOOC 刚刚诞生时以极大的热情投入其中的教师和专家也开始感到气馁。

为什么《中国有嘻哈》等网络综艺会从以前的野蛮生长走向成功？网络综艺的成功转型对 MOOC 今后的发展有哪些借鉴意义呢？试从学习者的角度，分享一下你的看法。

5.2 2016 年国务院印发《促进大数据发展行动纲要》，系统部署大数据发展工作。2016 年 3 月 7 日，《中华人民共和国国民经济和社会发展第十三个五年规划纲要》发布，其中第二十七章“实施国家大数据战略”指出：把大数据作为基础性战略资源，全面实施促进大数据发展行动，加快推进数据资源共享开放和开发应用，助力产业转型升级和社会治理创新。大数据时代已经到来，其应用已经渗透到当今的每一个行业。试分享大数据在你所在行业或生活中的应用，对你的思维、工作产生的影响。

第6章 常见问题

Chapter 6

你是否在学习过程中遇到很多问题，如忘记工作室密码、缴费出现问题、考试没有通过等。你是否常常为此心情郁闷、十分焦虑呢？不用担心，本章将帮你解决后顾之忧。还等什么，快来看看吧！

6.1 招生支持服务常见问题

（1）中国石油大学（华东）高等学历继续教育有哪几种形式？

答：中国石油大学（华东）高等学历继续教育有函授教育和网络教育两种形式。

（2）函授教育和网络教育报考条件是什么？

答：报考高起专、高起本须具有高中、中专学历或同等学力；报考专升本须具有国民教育系列大学专科（含高职）或以上毕业证书。

（3）中国石油大学（华东）函授教育、网络教育有哪些优势？

答：移动 App 在线学习、在线缴费选课、“线上＋线下”考试模式、名校名师名课、教学资源丰富、学校自主招生、学历国家注册、全方位的教学支持服务。

（4）函授教育和网络教育两种形式有何相同点和不同点？

答：① 相同点：颁发国家承认并在教育部电子注册的毕业证书；学习方式相同。

② 不同点：目前，函授教育入学须参加全国成人高考且达到录取分数线；网络教育入学须参加学校自主命题的入学考试，符合免试条件者可以免试入学。高起本、专升本学生在毕业前须参加全国现代远程教育试点高校网络教育公共基础课统一考试且成绩合格。如遇教育部新出台政策，按照新政策执行。

（5）函授教育和网络教育的学制和学费情况如何？

答：函授教育和网络教育的收费标准和办法由学校按国家有关规定报学校所在地收费管理部门批准后执行。目前收费标准为：按学分收费，高起专 80 学分，高起本 150 学分，专升本 80 学分，70～120 元 / 学分。函授教育和网络教育均实行学分制，修业年限为：高起本 5～8 年，高起专 2.5～4.5 年，专升本 2.5～4.5 年。

（6）函授教育和网络教育哪个好，哪个含金量高？和全日制本科学历有什么区别？

答：函授教育和网络教育均属于高等学历继续教育，属于国民教育系列，国家承认学历。毕业证书均在教育部电子注册，可在中国高等教育学生信息网查询。我校高等学历继续教育主要面向在职从业人员，不存在户口及组织关系的转入转出，没有派遣报到证。

（7）网络教育和函授教育的学历能参加公务员、司法、建造师和教师资格证考试吗？能参加研究生考试吗？

答：符合毕业条件的网络教育学生均颁发国家承认并在教育部电子注册的毕业证书，其学历待遇等同于其他国民教育系列的高等学历教育毕业证书，继续深造或者报考国家公职类行业的其他条件请咨询相关管理部门。

（8）中国石油大学（华东）网络教育免试入学需要具备什么条件？

答：① 获得省、部级以上授予的劳动模范、先进生产（工作）者称号。

② 获得地、市（局）级科学技术进步成果二等奖以上者。

③ 具有国民教育系列大学本科以上毕业文凭者。

④“三支一扶”及应征入伍服义务兵役退役的普通高职（专科）毕业生。

⑤ 中国石油大学（华东）函授教育、网络教育应往届专科毕业生。

⑥ 参加全国成人高考，达到一定分数线择优免试录取。

⑦ 应届中职、高职高专毕业生免试录取。

（9）报考网络专升本是否可以跨专业？

答：报考专升本需具有国民教育系列大学专科（含高职）或以上毕业证书，根据个人的专业和职业背景、学习能力慎重选择专业，可跨专业报考。

（10）哪个专业好学？哪个专业简单？哪个专业好毕业？

答：适合自己的才是最好的，最好对个人的职业发展有一定帮助。所有开设的专业必须按照教学计划和培养要求修满规定学分，符合毕业条件方能毕业。

（11）中国石油大学（华东）网络教育如何报名？

答：报名方式有两种：

① 考生登录“石大在线”（http://upol.upc.edu.cn）网站填写网上报名表，并持打印出的网上报名信息表，于报名截止日期前到本人选择的学习中心（函授站）进行资格审查、

照相。

② 考生持相关材料直接到中国石油大学(华东)远程教育校外学习中心(函授站)报名。

(12) 网络教育入学考试难度如何？有复习资料吗？是不是都能录取？

答：我校网络教育由学校统一组织考试，招生入学考试以全国成人高考大纲为参考编制试卷。报名确认后发放考试复习资料。招生入学考试后由学校录取委员会择优录取。

6.2 学习支持服务常见问题

(1) 中国石油大学(华东)函授教育、网络教育的学习模式是什么？主要学习过程是怎样的？

答：以课程为单元，课程学习采取“远程在线学习为主，其他形式为辅”的混合式模式。主要过程为：网上选课—教材、课件自学—辅导答疑—在线作业—集中辅导答疑—复习—考试。

(2) 如何订购新学期教材？

答：在每学期缴费选课的同时，通过“石大在线”教学平台订购教材，务必填写详细的通信地址以及联系方式。学校根据教材订购详单，在 2～3 个工作日内通过邮寄的方式将教材发出，请及时关注快递公司的物流信息。

(3) 课程网站一般包含哪些学习资源？

答：学校开发了丰富实用的立体化学习资源，如视频课件、教学(自学)基本要求、在线作业、课程练习题、综合复习资料、考前辅导答疑课件等，同时以教学实施过程为主线，配套提供完善的学习支持服务，引导学生高效利用资源，方便灵活地开展自主学习。

(4) 为什么教学课件与教材的内容不一致？

答：网络课件是课程的教学内容，也是教师教学水平的体现。我校网络课件由教授或副教授主讲，教师根据课程性质并结合自身多年教学经验进行总结、归纳，集中体现了我校优秀的教师和教学资源，因此网络课件是学生学习的核心内容。

教材作为一种传统的学习资源，具有很好的便利性，但是相对于网络课件，只是一种辅助性的学习资源，因为教师在教学过程中一般会参考多本教材，所发放的教材往往不能涵盖全部的网络课件内容，需要两者结合进行学习。如果有疑难问题可以登录各门课程在线答疑区咨询辅导教师。

(5) 学生如何解决课程学习中遇到的问题？

答：① 在线答疑。在课程学习中遇到的任何难点、疑点，都可以登录课程的在线答疑区向辅导教师提出咨询，辅导教师将进行针对性解答。

② 视频答疑。根据教学时间安排，辅导教师与学生通过“石大在线”多媒体交互系统进行语音、视频的实时交互，对学生在平时自主学习中遇到的问题进行现场解答。

③ 面授辅导。学习中心(函授站)将根据实际情况适时组织辅导教师开展面授辅导，以解答学生在课程学习过程中遇到的问题。

④ 其他。如遇到教学安排、考试安排、学籍管理、技术类等非学术性问题，还可以通过平台主页留言板、咨询电话、邮箱等获取帮助。

(6) 什么是在线作业？如何有效地进行在线作业？

答：在线作业是学生自我检测学习效果的一种重要方式，全部由客观题组成，测试时间约30分钟。学生在线完成答卷，系统自动阅卷并给出分数。学生进行在线作业前，先认真阅读在线作业的相关说明，再进行测试，以便于合理安排自己的答题进度。学生完成测试后，可以通过“成绩查询”栏目查看在线作业成绩。

(7) 完成在线作业有什么注意事项？

答：① 在线作业未完成时，不要随意点击提交按钮，以免浪费答卷次数。

② 在线作业布置的都是客观题，一般会设置三次提交机会，学生做完并提交后，系统会自动判分并显示该次作业的得分，不及格可以继续重做并重新提交，系统自动保留最高分数。只要对答题结果满意即可结束，不一定要做完三次。

③ 在线作业必须在截止日期前提交，过期后作业将关闭不能查看及提交。

(8) 什么是视频答疑？

答：视频答疑是由学校安排辅导教师讲解课程学习的重点、难点和学生提出的常见问题。视频答疑贯穿整个学期教学运行过程，每学期每门课程一般安排四次，每次两个小时。每次答疑结束后，辅导教师会将视频答疑课件上传至“石大在线”平台，学习中心(函授站)可组织学生集中观看辅导答疑，学生也可登录平台自行下载进行学习。

(9) 学生如何进行有效的考前复习？

答：按照教学要求，为加强学习的过程控制并帮助学生系统掌握和巩固所学知识，主讲教师编制了综合复习资料，其内容基本覆盖了课程所有重点及考试要点，使学生能更有效地把握难点、重点，提高复习效果。学生可下载综合复习资料进行有针对性的考前复习。

(10) 毕业设计(论文)的选题原则是什么？

答：① 选题必须符合本专业的培养目标，达到教学基本要求，体现本专业基本训练内容，有利于巩固、深化和扩充学生所学知识，使学生得到全面训练。

② 选题应结合本职工作，用已学过的知识解决生产实际问题，增强课题的应用价值、实用价值。文科类的选题要突出现实性，着重分析研究本企业改革和现存的热点、难点问题；理工类的选题重点在于结合本职工作、结合工程实际，强化工程实践能力的培养。

③ 在保证教学基本要求的前提下，选题的深度、广度和难度要适当，使毕业设计（论文）在教学培养规定的时间内完成。对于结合生产和科研实际的较为复杂的课题，要求取得阶段性成果。

（11）毕业设计（论文）的选题要求是怎样的？

答：① 毕业设计（论文）选题必须一人一题，若确需两人合作，必须明确各自承担的部分，工作量须符合规定要求，但论文内容不能雷同。

② 选题一般先由学生根据本职工作、个人基本情况和兴趣申报选题意向，经指导教师初审后，报学习中心（函授站）及学校审核、批准后，方可正式开题。

（12）毕业答辩（评审）的有关规定是怎样的？

答：① 毕业设计（论文）实行答辩、评审分类管理制度，即学生可以申请采取答辩的形式或者评审而不答辩的形式取得毕业设计（论文）成绩。

② 凡申请学位者，必须申请答辩，答辩成绩根据答辩具体情况评定；不申请学位者，可申请提交毕业设计（论文）评审，评审的毕业设计（论文）成绩只有通过和不通过两种。

③ 答辩成绩不合格者，须重新完善课题，随下届学生补答辩。毕业设计（论文）答辩或评审成绩不通过的将由学生重新整改。

6.3 学生信息服务常见问题

（1）学习期间能否转专业？如何申请转专业？

答：学生原则上不允许转专业，如确因工作需要更改专业者，可申请转专业。转专业需在入学后一年内办理，有且只有一次机会。学生转专业后，学号不变。

学生通过本人工作室提交转专业申请，经所在学习中心（函授站）、学校先后审批通过后，方可转入另一专业。根据我校专业设置特点，理学、工学、经济学及管理学同层次专业间可互转，法学专业不能与其他专业互转。

（2）学习期间能否转学习中心（函授站）？如何办理手续？学费是否改变？

答：可以。填写《学籍异动表》，经转入、转出学习中心（函授站）双方签署意见后，报学校审批，大约需要两周时间。根据各地经济发展水平不同，学校在各地的学费收取标准不同。如转学习中心（函授站）前未缴学费，需按新学习中心（函授站）收费标准缴纳；如转前已交学费，需补缴新老学习中心（函授站）之间的差额（多缴的费用可以抵下一年度的学费）。

（3）学习期间能否申请降级或休学？

答：由于学校成人学历继续教育实行学分制，不存在降级、休学问题，只要在规定的选课期限内不提交选课即可。

（4）能否办理退学？是否退学费？如何办理？

答：学生在规定的专业层次学习年限内可以办理退学，并按国家统一规定退还学费余额。学生退学应先向学校提出书面申请并填写《学籍异动表》，经学校批准后，方可办理。

（5）什么时候可以选课？如何进行选课操作？

答：选课时间，春季学期一般安排在1～3月，秋季学期一般安排在7～9月（具体查看当前学期教学日历）。

具体选课操作：学生根据教学计划在规定的选课时间段内进入“学生工作室—我要选课”模块，按照选课规则及自己的实际情况选修相应的课程，自主完成选课。

（6）为什么选课不成功？

答：学生学费账户费用不足会导致无法选课。由于其他特殊原因引起的无法正常选课，请及时联系学习中心（函授站）或者学校寻求解决办法。

（7）课程选错了，该如何处理？

答：学生在选课之后，必须上网查看已选课程是否正确无误。若发现选课有误，需要立即告知学习中心（函授站）或者学校，由学校相关负责人员更改选课信息。

（8）什么是课程免试？有什么特点？

答：课程免试是指学生选修教学计划中的部分课程，在具备一定条件后，申请免去课程考试而取得学分的一种修课方式。其特点如下：

① 免试课程不免修，需按照教学要求进行选课操作。

② 可进行课程学习，参与在线交互及在线作业等，但不计入考核成绩。

③ 整个学习期间，申请免试的课程不得超过总教学计划规定课程的1/3。

④ 批准免试的课程，免试材料为成绩单的，按成绩单上实际分数记载，其余成绩一律记为80分。

注意：实验、实习不得免试；毕业设计（论文）的免做参照《中国石油大学（华东）现代远程教育本科毕业设计（论文）管理实施细则》执行。

（9）课程免试的条件有哪些？

答：符合下列条件之一者，可以申请相关课程的免试：

① 同层次、同类别、同课程合格成绩单可免相关课程。

② 计算机类等级证书免计算机文化基础、计算机应用基础及相同名称课程。

③ CET四六级证书、CET四六级成绩单达到420分免大学英语3、大学英语4。

④ 全国英语等级考试三级（PETS-3）或以上级别证书（含笔试证书）免大学英语3、大学英语4。

⑤ 学位英语合格成绩单免大学英语 3、大学英语 4。

⑥ 部分专业，相应职业资格证书可免相关课程（见学生工作室《学分互认表》）。

（10）如何办理免试？

答：申请免试课程的学生，须在选课之后，在“学生工作室—考试信息”模块中提交免试的课程申请，并附上相应证明材料的复印件。经学校审核后，给予课程成绩。

（11）何时办理毕业证？需提供哪些材料？

答：毕业证的办理为每年两次，夏季（7 月）、冬季（1 月）各一次。学生需要在学生工作室进行毕业填报，核对个人信息（包括姓名、性别、民族、出生日期、身份证号码、通信地址等）和照片，一经电子注册，所有学生信息将无法修改。

（12）毕业证书上的毕业时间是什么时候？多长时间能从教育部网站查询到？

答：秋季毕业时间为每年 7 月 1 日，春季毕业时间为每年 1 月 31 日。一般春季在 3 月、秋季在 9 月可在教育部网站查询到。

（13）毕业证丢失怎么办？

答：如有学生不慎将毕业证丢失或损坏，学生本人应先在地市级报纸上登报声明原毕业证书作废，然后持报纸原件向学校提出申请，上交身份证复印件和蓝底照片两张。学校核实有关学籍材料后，到山东省教育厅补办毕业证明书。

（14）毕业生档案丢失能否补办？

答：可以。毕业生档案包括入学信息表、成绩单、毕业生登记表，如丢失，学生需向学校提出申请，补填毕业生登记表并经学校审核后予以补办。

6.4 考试信息服务常见问题

（1）如何查询考试时间，了解考试安排？

答：期末考试前三周，学生可以登录“学生工作室—考试信息”查看本次考试安排（包括考试时间、考试地点以及各门课程的考试形式等）。

（2）课程考试采用哪些方式？

答：课程考试分为笔试、在线考试、网上大作业、考查课等多种形式。其中，笔试闭卷及笔试开卷考试为书面考试；在线考试及在线考试（开卷）为线上考试。每门课程具体的考试形式可以查阅课程“学习导航”栏目，或在考前查阅学生工作室“考试安排”栏目。

（3）课程考试一年考几次，具体时间是什么时候？

答：学校每年安排四批次课程考试，期末考试一般安排在 6 月底和 12 月底，并在当年的 10 月上旬和次年 4 月上旬安排两次补考。学生如果无法按时参加期末考试或考试不通过，均应参加补考。

（4）参加课程考试有什么要求？

答：学生需要到所属学习中心（函授站）参加笔试课程考试，地点由学生所属的学习中心（函授站）统一安排；学生需凭学生证和身份证参加考试。在线考试不限制考试地点，但需在规定的时间段内登录工作室完成考试。

（5）完成在线考试的注意事项有哪些？

答：在线考试开始前检查网络连接，保证正常上网；登录考试系统后，仔细阅读考试规则和考生须知；考试过程中，一旦出现考试中止的异常情况，请尽快拨打全国统一服务热线咨询并解决；提交试卷后，如果提交时间过长，只要提示“提交中”，就不要进行任何操作，显示“保存成功”才表示交卷成功。

（6）在线考试完成后，为什么看不到考试成绩？

答：在线考试包括客观题和主观题，试卷提交成功后，计算机只能自动批改客观题，主观题（如问答题、简答题、论述题等）需要教师在一定时间内在线批改，教师批改完才能给出成绩。因此，在线考试做完之后是不能马上看到分数的。

（7）课程总评成绩如何计算？

答：课程总评成绩一般由以下成绩构成：在线作业成绩＋在线学习成绩＋离线学习成绩＋期末考试成绩。具体成绩百分比构成参照课程实施计划执行。总评成绩实行百分制记分，60分及以上为及格，成绩及格即可获得所选课程的学分。

在线作业成绩：由学校根据学生完成规定的在线作业的情况评定。

在线学习成绩：由学校根据学生登录课程网站浏览学习资源、参与在线实时或非实时答疑交互的情况评定。

离线学习成绩：由学习中心（函授站）根据学生平时参与面授辅导、实践教学、小组协作学习、班集体活动等的情况综合评定，并由学习中心（函授站）通过“石大在线”平台上报。

（8）课程成绩公布后如何查询成绩？

答：各门课程考试成绩一般在考后一个月左右公布，届时学生登录学生工作室，点击“我的成绩”即可查询到全部已修课程的总评成绩，同时可以查询某一门课程的在线作业成绩、在线学习成绩、离线学习成绩等环节成绩。

（9）如何复查课程成绩？

答：① 成绩复查期间为成绩发布后三个月内，逾期不予办理。

② 复查成绩的学生请在复查时间段内向所在学习中心（函授站）提出申请。

③ 各学习中心（函授站）汇总学生成绩复查申请，将《考试成绩复查汇总表》提交给

学校。

④ 学校根据接收到的成绩复查申请，每周进行复查并反馈。

⑤ 各学习中心（函授站）接到课程公布成绩复查结果后，及时通知相应考生；考生也可到学习中心（函授站）查询。

（10）考试时正好在外出差，如何在出差所在地办理异地考试手续？

答：学生因特殊情况需要异地参加考试的，可以在预约考试期间到学习中心（函授站）申请办理借考。借考学生务必于考试安排发布的截止日期前到学习口心（函授站）办理借考手续，须网上下载并填写《借考申请表》，由学习中心（函授站）报送学校考务部门。学校在收到《借考申请表》后一周内回复，得到回复后方可认定借考申请成功。

6.5 网络统考常见问题（适用于本科学生）

（1）什么是网络统考？

答：网络统考简称"统考"，是指教育部对现代远程教育试点高校网络教育部分公共基础课实施的全国统一考试，即对我国网络高等学历教育部分公共基础课的全国统一测试。

（2）网络统考的对象是哪部分学生？

答：考试对象为现代远程教育试点高校的本科层次网络教育的学生。2004 年 3 月 1 日（含 3 月 1 日）以后入学的本科层次网络学历教育的学生，所有统考科目成绩合格将作为取得教育部高等教育学历证书电子注册资格的条件之一，也是现代远程教育本科学生取得毕业证书的基本条件之一。

（3）我校网络统考科目有哪些？通过什么方式考试？

答：专科起点本科考试科目：大学英语（B）、计算机应用基础。

高中起点本科考试科目：理工类专业为大学英语（B）、计算机应用基础、高等数学（B）；文史法医教育类专业为大学英语（B）、计算机应用基础、大学语文（A）。

考试采取机考闭卷形式。

（4）网络统考办理免试需具备哪些条件？

答：① 已具有国民教育系列本科以上学历（含本科），可免考全部统考科目。

② 除计算机类专业学生外，获得全国计算机等级考试一级 B 或以上级别证书者可免考"计算机应用基础"。

③ 除英语专业学生外，获得全国大学英语 CET 四六级证书（2006年1月份之前证书）、全国英语等级考试三级（PETS-3）或以上级别证书、省级教育行政部门组织的成人教育学位英语考试合格证书者，可免考"大学英语（B）"。

④ 入学注册时年龄满40周岁的非英语专业学生可免考“大学英语”。

⑤ 除英语专业学生外，户籍在少数民族聚居地区的少数民族学生可免考“大学英语”。

（5）如何理解统考免考条件中“除英语专业学生外，户籍在少数民族聚居地区的少数民族学生可免考‘大学英语’”？

答：① 这里的“英语专业”是指学生现在就读的专业。

②“少数民族学生”其民族身份和居住地区的确认以本人身份证上的记载为准。

（6）如何理解统考免考条件中“除计算机类专业学生外，获得全国计算机等级考试一级B或以上级别证书者可免考‘计算机应用基础’”？

答：① 这里的“计算机类专业”指的是计算机科学与技术、计算机应用、计算机软件专业，是指学生目前就读的专业。

② 经教育部批准，全国计算机等级考试一级B或以上证书都可免考“计算机应用基础”。

（7）全国大学英语四六级考试改革后，免试“大学英语”有什么改变？

答：① 在2006年1月1日前，已经获得四六级考试证书的考生仍然按照原有规定免考“大学英语”；参加改革后的四六级考试，成绩达到420分的考生可免考“大学英语”。

② 2006年1月1日后，大学英语四六级考试将不再作为统考“大学英语”免考的条件。

③ 网络教育英语统考的其他免考条件不变。

（8）统考免考条件中对相关免考证书有无时间和有效期规定？

答：① 统考报名时持有免考条件中规定的本科以上毕业证书或英语类证书、计算机类证书者均可按有关规定申请免考统考全部科目或相应科目。

② 相关免考证书的时效以证书本身的有效期为准。

（9）如何办理网络统考免考手续？

答：登录学生工作室，进入“我的统考”模块查看免试条件，提交免试申请，上传免试材料后，等待总部审核，审核未通过学员需报考网络统考。

（10）每年网络统考时间是怎样安排的？

答：网络统考暂定每年举行三次，报名时间一般安排在每年的2月、7月、10月，考试时间一般安排在4月、9月、12月。每年度具体报名和考试时间将在网上公布。学生可以根据自己的情况，自行选择参加考试的时间和科目。

（11）网络统考如何进行网上报名？

答：学生报名有两种形式：

① 学习中心(函授站)集体报考,集体报考可预约考试地点,不能预约考试时间。

② 考生个人报考,个人报考可预约考试地点和考试时间。

(12)网络统考课程如何复习?有考前辅导吗?

答:① 学校建立网络统考课程辅导网站,全面整合资源,发布网络统考相关信息、政策及各类考试资料,确保辅导资料和辅导内容的针对性。

② 开发统考仿真练习系统,辅导教师全天在线维护并提供技术咨询服务。

③ 分时段、分区域开展实时与非实时辅导支持,学生可以进入统考课程实时辅导交互系统与辅导教师和同学进行交流学习。

④ 学习中心(函授站)组织安排面授辅导。

(13)网络统考考试不通过,下次还能考吗?考试次数有无限制?

答:学生在修业年限内可以多次参加统考,每次参考科目由学生自己选定。学生在修业年限内将应考课程全部考试合格,毕业时方可取得教育部高等教育学历证书电子注册资格。考试次数无限制。

(14)统考准考证如何打印和领取?

答:统考准考证由学生所属学习中心(函授站)在规定的时间内,通过统考报名管理系统下载打印,并在规定时间内发给考生本人。考生也可通过统考网站自行下载准考证并打印。

(15)考生如何查询统考成绩?

答:考生可在规定的时间内通过中国远程教育网或中国石油大学(华东)远程教育学院(或学习中心)查询统考成绩。

(16)对统考考生违纪违规情况如何处理?

答:有考试违纪行为的考生,其相关科目的考试成绩无效;有考试作弊行为的考生,当次考试全部科目成绩无效,并视情节严重情况给予停考 1~3 年的处理。代替他人或由他人代替参加考试者,取消统考资格。考生违纪违规的具体情况将按照《试点高校网络教育部分公共基础课统一考试违纪处理办法》的规定做出处理。

6.6 学位常见问题(适用于本科学生)

(1)申请学士学位的条件是什么?

答:① 遵守中华人民共和国宪法和法律,遵守学校根据国家有关政策和学校实际情况制定的规章制度。

② 完成本科教学计划规定的各项要求,经审核予以毕业,无考试作弊记录,且所学课程平均成绩 70 分以上(含 70 分)。

③ 学位主干课程，含一门专业基础课、二门专业课，成绩在70分以上（含70分）。学位主干课程不单独组织考试，认可学习期间的考试成绩。

④ 毕业设计（论文）参加答辩，成绩达到中以上（包含中），且对照教育部令第34号《学位论文作假行为处理办法》未出现学位论文作假行为。

⑤ 学位外语成绩达到要求。

（2）学位外语成绩有什么要求？

答：取得全国英语等级考试三级（PETS-3）及以上笔试成绩合格证书，认定为学士学位外语考试成绩合格。其他类别的成绩证明是否可以认定学位外语成绩合格以当年学位工作通知为准。

（3）学士学位证书申请流程是怎样的？

答：① 学生需要在学习年限内（包含毕业当年），在学生工作室“我的学位”栏目申报学位外语成绩证明材料，提交学位外语成绩证明材料即视为申请学位。

② 学校根据学生提交的学位外语成绩证明材料进行学位外语条件的审核。经审核符合规定者予以通过并进行公示，不符合规定者予以驳回。公示一年两次，分别为6月和12月。

③ 学校根据学位申请条件进行学位资格复审，审核除学位外语成绩条件以外的其他条件。符合学位申请条件者，将学生信息提交学校学位委员会终审。

6.7 学生常问问题

（1）如何获得登录学习平台的账号和密码？

答：新生录取后，学校根据报名时提供的手机号码发送录取短信，短信内容包括学生的学号和初始密码等信息。考生也可以登录“石大在线”教学平台（http://upol.upc.edu.cn），通过“录取查询”，输入身份证号码自行查询学号、专业等相关录取信息。

（2）是否有学生证？学生证有何作用？如何办理？是否收费？

答：有。学生证是证明学生身份的证件，且在课程考试时必须携带。学生证由学校统一办理，领取地点为所在学习中心（函授站）。学生证办理不收费。

（3）学生证丢失了怎么办？

答：学生证遗失或正常损坏，请联系所在的学习中心（函授站），由学习中心（函授站）向学校提起申请补办新的学生证。

（4）持学生证坐飞机、火车时有没有优惠？

答：成人学生均为在职从业人员，经济相对独立，按相关规定坐飞机、火车不享受优惠。

(5) 为什么选不了课程？

答：有以下几种情况导致学生选不了课程：

① 学生学费账户费用不足。

② 学生学籍异动申请处于待审核状态。

由于其他特殊原因引起的无法正常选课，请及时联系学习中心(函授站)或者学校寻求解决办法。

(6) 怎样确定缴费是否成功？

答：可到“学生工作室—财务信息”模块，查看详细的缴费记录。

(7) 申请免考的课程要选吗？

答：需要，符合免考条件，必须先进行选课才能申请免考。

(8) 教材何时能收到？

答：一般5～10个工作日内能到。如果10个工作日之内没有收到教材，可到“学生工作室—教材订单”模块查看物流单号，在中邮物流网(http://www.cnpl.com.cn)查询配送状态，或拨打咨询服务热线400-640-1953。

(9) 在学生工作室中导出、打印表格或学习资料时，为什么有时点击了相应按钮却没有反应？

答：① 检查本地是不是安装了PDF、EXCEL、WORD等相关软件。

② 使用IE浏览器，关闭阻止弹出窗口软件。

(10) 做在线作业时，为什么点击了相应按钮却没有反应？

答：① 检查本地网络连接是否正常。

② 使用谷歌浏览器，关闭阻止弹出窗口软件。

(11) 如何参加视频答疑？错过视频答疑怎么办？

答：在学校“石大在线”平台“教学动态”栏目公布的视频答疑时间内，进入学生工作室，点击相应课程进入课程页面，点击左侧交互区“视频答疑”模块即可参加视频答疑。要想顺利参加课程视频答疑，首先需要按照提示安装插件、调试机器。

错过了视频答疑，可在视频答疑结束后进入视频答疑模块，查看视频答疑回放。

(12) 如何快速了解每门课程的考试形式、成绩构成？

答：课程学习页面“学习导航”模块详细说明了相应课程的学习方法、考试形式、考试时间及成绩构成，学习之前请仔细查看“学习导航”的内容。

(13) 如何进行有效的考前复习？

答：考试前一个月登录“学生工作室—总复习”模块可下载综合复习资料和辅导答疑课件等进行有针对性的考前复习，能更有效地把握难点、重点，提高复习效果。

（14）如何查看考试安排？

答：考试前三周进入“学生工作室—考试信息”查看本学期课程考核时间安排。

（15）期末考试的准考证在哪领取？

答：没有准考证。学生考试时需携带学生证和身份证参加课程期末考试。

（16）期末有开卷考试课程吗？开卷考试是不是就是写答案？

答：部分课程采用开卷的形式完成期末考试。这类课程的考试除需要熟悉书面的原理公式外，还要经过运算才能完成，此类课程考试旨在考查考生的实际运用能力，而不是直接写出答案。

（17）考生参加考试应注意哪些问题？

答：考生参加考试必须携带学生证和身份证；考生需提前半小时到达考场，提前熟悉考场环境；考生在考试过程中须严格遵守学校考试相关规定。

（18）期末考试包过、包毕业吗？

答：期末考试由学校统一严密组织，不存在“包过”承诺，需要考生按照教学计划及各门课的学习导航，完成相应的作业、课程答疑、期末考试等学习过程，通过自身努力修完相应的课程，拿到该课程学分，达到毕业条件，从而获得毕业资格。

（19）网络教育网络统考包通过吗？

答：“统考”为教育部对现代远程教育试点高校网络教育部分公共基础课实施的全国统一考试。学校十分重视网络统考工作，严格按照教育部关于全国高校网络教育统考的有关规定做好学生自主报名、自主缴费的宣传和组织工作，同时提供规范的服务。学校组建了经验丰富的统考辅导教师团队，通过集中面授、电话、短信、QQ群等形式进行辅导和答疑，帮助学生备考。学校历年的统考通过率均高于国家平均通过率。

（20）毕业设计（论文）有人帮忙做吗？

答：毕业设计（论文）是教学过程最后阶段的总结性实践教学环节，由学生通过对所学知识的灵活运用完成相应的课题研究，需要学生本人在指导教师的指导下完成。

（21）学习过程中遇到困难，如何获得有效快捷的帮助？

答：学生在学习过程中遇到困难，可以通过以下途径寻求帮助以及解决办法：

① 咨询学习中心（函授站）。

② 拨打“400-640-1953”全国统一咨询服务热线。

③ 联系“在线客服”实时咨询。

④ 通过“留言板”咨询。

⑤ 通过“课程答疑区”咨询。

第7章 规章制度

Chapter 7

中国石油大学(华东)现代远程教育作业管理规定

作业是加深课程理解和巩固所学知识的重要教学环节。加强作业环节，对于学员全面掌握课程内容，最终通过课程考试取得学分起着十分重要的作用。作业包括在线作业和离线作业两种形式。

一、在线作业：在线作业成绩记入课程总评成绩。在线作业需要学生在规定的时间内通过“石大在线”平台的“在线作业”模块在线提交，提交后系统自动批阅，给出成绩。时间截止后，将不能进行在线作业，没有在线作业成绩。

每门课程设置有1～3阶段在线作业，每阶段自测均有三次完成机会，系统自动保存学生取得的最高成绩为本阶段作业成绩。各阶段成绩按照一定百分比合成后作为本课程在线作业环节成绩。

学习中心(函授站)应向学员讲解平台完成在线作业的操作方式和时间要求，指导学生在规定时间内按要求完成。

二、离线作业：离线作业一般以课程练习题形式给出，作为学员练习使用，不记入课程总评成绩。离线作业在“石大在线”平台相应课程的“课程练习”模块发布，供学员下载学习。

三、学习中心(函授站)应组织辅导教师对学生在线作业和离线作业完成情况进行汇总分析，对作业中发现的共性问题，通过E-mail、QQ群等形式与学员进行交流，必要情况下应进行集体辅导。

四、学员必须独立完成作业。合伙完成作业、抄袭他人作业、抄袭资料等视为作弊行为，作业成绩以零分计。

中国石油大学（华东）现代远程教育本科毕业设计（论文）管理实施细则

毕业设计（论文）是实现各专业培养目标的重要教学环节，是人才培养计划的重要组成部分，也是衡量成人高等教育办学水平及教学质量的重要评估指标。为使毕业设计（论文）管理工作更加科学、规范，进一步提高毕业设计（论文）质量，特制订本管理规定及程序要求。

一、目的与要求

毕业设计（论文）的主要目的：进一步巩固和加强学生的基础知识和基本技能；提高学生对学科理论知识和技能的综合运用能力；增强学生创新意识、创新能力和获取新知识的能力；培养学生严谨、求实的工作作风和刻苦钻研、勇于探索的科学精神；培养学生运用所学知识独立开展研究与论证的能力。

通过毕业设计（论文）应使学生具有：综合运用知识的能力；调查研究、中外文献检索与阅读的能力；方案的比较分析、论证能力；设计、计算和实验能力；计算机和外语应用能力；理论联系实际的能力和工程实践意识等。

二、组织管理

1. 学校全面负责毕业设计（论文）环节的组织与管理工作：下达总体安排、选聘校内外指导教师、监控指导过程、组织现场（远程）答辩以及评审等工作。

2. 学习中心（函授站）负责制订毕业设计（论文）工作计划及保证毕业设计（论文）质量的措施；根据各专业的教学培养计划，提前一个月做好毕业设计（论文）的动员工作；协助指导教师做好开题指导、撰写论文指导、论文初稿审查等环节的工作；协助学校组织答辩和评审工作。

3. 毕业设计（论文）工作结束后，学习中心（函授站）要认真进行总结，形成书面工作总结，内容包括毕业设计（论文）工作概况、具体做法及效果、存在的问题及建议等，并作为教学档案留存。

4. 学校对毕业设计（论文）各环节进行总结评价，组织专家对毕业设计（论文）和任务书进行随机审查，评估论文质量及评审结果是否符合要求，同时，对指导教师进行评价。

三、有关毕业设计(论文)的规定与要求

(一)选题原则与要求

1. 选题必须符合专业的培养目标,满足教学基本要求,体现专业基本内容,有利于巩固、深化和扩充学生所学知识,达到综合训练的目的。

2. 选题应结合本职工作任务,用已学过的知识解决生产实际问题,增强课题的应用价值、实用价值。文科类的选题要突出现实性,着重分析研究本企业改革和现存的热点、难点问题;理工类的选题重点在于结合本职工作、结合工程实际,强化工程实践能力的培养。

3. 在保证教学基本要求的前提下,选题的深度、广度和难度要适当,使学生能够在教学培养计划规定的时间内,经过指导教师的指导及自身努力完成毕业设计(论文)。对于结合生产和科研实际的较为复杂的课题,要求取得阶段性成果。

4. 毕业设计(论文)选题必须一人一题,若需两人合作,必须明确各自承担的部分,工作量须符合规定要求,但论文内容不能雷同。

5. 选题一般先由学生根据本职工作、个人基本情况和兴趣申报选题意向,经指导教师审核后,方可正式开题。

6. 下列情况的题目不宜安排做毕业设计(论文):

① 与本专业教学内容不符的;

② 范围过于狭窄、内容过于单一,达不到全面训练目的的;

③ 学生毕业设计(论文)期间无法完成或不能取得阶段性成果的。

(二)关于免做毕业设计(论文)的说明

1. 专业基础课及专业课的成绩 50% 达到 75 分以上(含 75 分),并符合下列条件之一者,可以申请免做毕业设计(论文):

序 号	名 称
1	科研发明、技术革新项目获得国家专利权并获得证书
2	科研成果、技术革新项目获得市(局)级以上鉴定并获得证书
3	论文、科研成果获得市(局)级三等及以上奖励
4	近五年来在国内外公开发行刊物上发表有价值的学术论文: • 第一作者:一篇及以上 • 第二作者:两篇及以上

2. 对批准免做毕业设计(论文)的学生,由学校审核,根据成果及奖励的级别,成绩分别评定为优、良、中三等。

3. 学生提出免做申请必须在毕业设计(论文)开题前,具体步骤如下:

① 学生向所属学习中心(函授站)提交书面免做毕业设计(论文)审批表、证书原件和

复印件以及相关佐证材料。

② 学习中心(函授站)审核申请材料,填写审核意见,签字、盖章,并将审批表上报学校审批(证书原件返还学生)。同时,学生通过教学平台个人工作室上传相关佐证材料的扫描件:证书原件的扫描件;成果或项目说明的电子文档;学术论文扫描件(包括杂志封面、版权页、目录页、论文全文、封底)。

③ 学校审核,签字、盖章,保存书面审批表及佐证材料,将书面审批表复印件反馈学习中心(函授站)存档。

④ 审核通过者,取得相应的毕业设计(论文)成绩。

⑤ 审批未通过者,重新开题,进入毕业设计(论文)开题环节。

(三)成绩评定

1. 毕业设计(论文)采取答辩、评审两种形式,即学生可以申请答辩的形式,也可以申请评审的形式取得毕业设计(论文)成绩。

2. 答辩成绩根据答辩具体情况评定为"优、良、中、及格、不及格"五个等级。各专业答辩成绩为"优"的论文数量不超过申请答辩总人数的20%。

3. 评审成绩根据论文质量评定为"通过、不通过"两个等级。

4. 答辩成绩评定为"不及格"或评审成绩评定为"不通过"的论文,须重新完善课题,修改论文,随下届学生补答辩或评审。

(四)答辩须知

毕业设计(论文)的答辩工作包括:资格审查、答辩前的资料准备、答辩、成绩评定。

1. 资格审查:毕业设计完成后,学生在规定时间前上交毕业设计(论文)所有资料,由学习中心(函授站)在答辩前一周提交答辩小组审阅,合格者允许答辩,不合格者缓答。

2. 答辩前的资料准备:答辩前学生应准备好答辩稿(PPT),答辩时将摘要交每位评委一份。指导教师应提前指导学生如何答辩。

3. 答辩:答辩时学生应脱稿宣讲论文主要内容,可以借助悬挂图表、多媒体等形式展示毕业设计(论文)的主要内容。答辩时间一般控制在15分钟以内,答辩评委提问控制在10分钟以内。

4. 成绩评定:答辩结束之后,由答辩小组根据答辩评分标准评定成绩,并填写答辩记录表。

5. 各学习中心(函授站)须提前公布答辩日期、地点及答辩顺序名单,申请答辩的学生应注意查询。未按时参加答辩的学生一律不安排补答辩和评审,已申请论文评审的学生也不能临时改为答辩。

（五）题目变更

学生在撰写论文过程中如发现原选题无法正常进行或不能按时完成，经指导教师同意后，可进行题目变更。书面《毕业设计（论文）题目变更申请表》需指导教师签署意见并签字，并由所属学习中心（函授站）盖章。该表一式三份，学生、学习中心（函授站）、学校各保留一份。学生必须在提交论文前提交书面申请表。论文题目变更但未及时提交或未提交申请表者，视为成绩不合格。

（六）毕业设计（论文）管理

1. 要求所有上交的毕业设计（论文）应规范、完整，各学习中心（函授站）应妥善保管，学校对论文的电子版保留存档。

2. 指导教师应认真填写毕业设计（论文）任务书和评语，答辩（评审）小组意见要反映学生真实水平。答辩（评审）记录表必须由该答辩（评审）小组所有成员签名认可。

3. 毕业设计（论文）组织管理工作各环节应按照程序要求进行，各工作环节应分别参照“学习中心（函授站）组织管理程序”“指导教师指导程序”“学生毕业设计（论文）程序”执行。

4. 学校组织评选优秀毕业设计（论文）并进行公示、存档。

四、指导教师及其职责

1. 毕业设计（论文）环节实行指导教师负责制，指导教师全面负责整个毕业设计（论文）阶段的教学活动。

2. 指导教师在指导过程中，应认真负责、精心指导，要把人才培养作为首要目标。要重视学生理论水平的提高和实际能力的培养，充分发挥学生的主动性和积极性。

3. 指导教师负责指导学生毕业设计（论文）期间的调查研究、资料收集、文献查阅、方案制订、实验、上机运算、制图、论文撰写、答辩等各项活动。指导教师应在学生进入课题前填写好任务书发给学生，并在学生做课题期间定期检查其进度，对存在的问题、难点及时给予指导。

4. 指导教师应在学生答辩前完成对毕业设计（论文）报告及相关资料（包括设计说明书、计算资料、实验报告、图纸等）的审查工作，并针对学生平时思想表现、工作态度、工作能力、所完成毕业设计（论文）质量或水平等进行全面评价，写出综合考核评语。

五、对学生的要求

1. 在毕业设计（论文）过程中，学生应端正学习态度，严格要求自己，大胆探索、勇于创新，虚心接受指导教师的指导，按时完成毕业设计（论文）任务。

2. 在毕业设计（论文）开题期间，学生应重点进行调研和资料查阅，落实选题的研究目标、内容方法、步骤和措施等，并阅读中外文与课题有关资料不少于 2 万字。

3. 学生在撰写论文期间，要积极主动地与指导教师进行沟通交流。

4. 学生必须独立完成（论文）工作。一旦发现套用和抄袭他人成果者，按作弊论处，情节严重者，追究其法律责任。

5. 在学期间，累计欠 15 学分以上者，不允许进入毕业设计（论文）环节。

中国石油大学(华东)现代远程教育
本科毕业设计(论文)写作规范

一、基本要求

1. 封面

使用学校规定的统一格式(可以上网下载)。“题目”要对论文的内容有高度的概括性,简明、准确,字数应在25字以内。“年级专业”须写全称。

2. 摘要

摘要内容包括:“摘要”字样,摘要正文,关键词。必须在摘要的最下方另起一行,用显著的字符注明本文的关键词。

摘要应简要说明毕业设计(论文)所研究的内容、目的、论文的基本思路和逻辑结构、实验方法、主要成果和结论,应能反映整个内容的精华。一般为300字左右。

关键词是为用户查找文献,从文中选取出来的用以揭示全文主题内容的一组词语或术语,应尽量采用词表中的规范词(参照相应的技术术语标准)。关键词一般为3～5个,按词条的外延层次排列(外延大的排在前面)。关键词之间用逗号分开,最后一个关键词后不加标点符号。

3. 目录

毕业设计(论文)的章节编排格式:一级标题用“第1章”“第2章”……;二级标题用阿拉伯数字连续编号,在不同层次的数字之间加一个下圆点相隔,最末数字后不加标点。例如:

一级标题　第1章

二级标题　1.1

三级标题　1.1.1

标题层次要清晰,目录中标题与正文中标题要一致。

4. 主体部分

毕业设计(论文)主体内容5 000～8 000字为宜,一般应包括前言、正文、结论等部分。论文主体分章节撰写,每章应另起一页。

① 前言:一般作为第1章,是论文主体的开端。应说明本课题的背景、目的和意义、研究范围及要求达到的技术参数等,简述本课题应解决的主要问题及取得的成果。

② 论文正文:是作者对研究工作的详细表述,占全文的绝大部分。论文主体要符合

一般学术论文的写作规范，具备学术性、科学性和一定的创造性。论文应文字流畅，语言准确，层次清晰，论点清楚，论据准确，论证完整、严密，有独立的观点和见解。毕业设计（论文）内容要理论联系实际，涉及他人的观点、统计数据或计算公式的要标明出处，涉及的计算数据要求准确。对因保密做过技术处理的数据需做说明。

③ 图：论文中的每幅图都应有图题，图题由图号和图名组成，用五号宋体。图号按章编排，如“图 2-4”表示第 2 章第 4 张插图，图号与图名之间空一格排写，图题居中置于图下。

④ 表：每个表格应有自己的表题和表序，表题应写在表格上方正中，用五号宋体，表序写在表题左方不加标点，空一格接写表题，表题末尾不加标点。表格应逐章编序，如“表 2-2”表示第 2 章的第 2 张表。表格允许下页接写，接写时表题省略，表头应重复书写，并在右上方写“续表 ××”。

⑤ 结论：结论包括对整个研究工作进行归纳和综合而得出的总结，还应包括所得结果与已有结果的比较和本课题尚存在的问题，以及进一步开展研究的见解与建议。结论集中反映作者的研究成果，表达作者对所研究课题的见解，是全文的思想精髓，是文章价值的体现。结论要写得概括、简短。

5. 参考文献

参考文献反映毕业设计（论文）的取材来源、材料的广博程度和可靠程度。参考文献不宜过多，只列作者直接阅读过、在正文中被引用过的中外文献资料。

参考文献的书写按论文中引用的先后顺序连续编码。根据 GB/T 7714—2005《文后参考文献著录规则》，参照下述格式书写。

① 期刊：

[序号] 作者 . 文章题目 . 刊名，出版年，卷号（期号）.

② 专著：

[序号] 作者 . 书名 . 其他责任者（如编者、译者）. 版本 . 出版地：出版者，出版年 .

6. 致谢

以简短的文字对课题研究与论文撰写过程中给予帮助的人员（如指导教师、答疑教师及其他人员）表示自己的谢意，这不仅是一种礼貌，也是对他人劳动成果的尊重，是作者应有的治学态度。

7. 附录

附录是作为论文主体的补充项目，并不是必需的。下列内容可以作为附录编于论文后：

① 有助于提高整篇论文材料的完整性，但编入正文又有损于编排的条理和逻辑性。

这一材料包括比正文更为详尽的信息、研究方法和技术更深入的叙述，建议可以阅读的参考文献题录，对了解正文内容有用的补充信息等。

② 由于篇幅过大或取材于复制品而不便于编入正文的材料。

③ 不便于编入正文的罕见的珍贵资料或需要特别保密的技术细节和详细方案（这种情况可单列成册）。

④ 对一般读者并非必要阅读，但对本专业同行有参考价值的资料。

⑤ 某些重要的原始数据、过长的数学推导、计算程序、框图、结构图、注释、统计表、计算机打印输出文件等。

二、书写格式及装订要求

1. 毕业设计（论文）采用计算机排版，用 A4 纸单面打印，页面设置为上、下各 2.5 cm，左、右各 2.5 cm，页眉、页脚各为 1.5 cm。论文主体部分为 1.5 倍行距，段前、段后无空行（即空 0 行）。

2. 论文封面中，题目用二号黑体字填写，学生姓名、专业、年级、指导教师、教学站（点）等用三号黑体字填写。

3.“摘要”字样用三号黑体、居中，并在其下插入一空行，摘要内容采用小四号宋体（英文为 Times New Roman）、1.5 倍行距；“关键词”字样用小四号黑体，关键词内容采用小四号宋体。

4. 页码从论文主体部分第 1 章开始按阿拉伯数字连续编排，位于页面底端居中，采用 Times New Roman 五号字。

5. 论文主体部分中一级标题居中书写，其他标题靠正文左边书写。

6. 论文主体部分字体选用小四号宋体、1.5 倍行距。论文主体部分一级标题选用三号宋体（加粗），二级、三级标题选用四号宋体（加粗）。

7.“参考文献”字样用三号黑体、居中，参考文献以在正文中引用的先后顺序排列，序号加方括号。

8. 论文采用左侧装订。装订顺序：封面→任务书（由指导教师填写）→摘要（单独占页）→目录（单独占页）→主体部分（每章另起一页）→参考文献（单独占页）→致谢（单独占页）→指导教师评语（由指导教师填写）→附录。

9. 毕业设计（论文）模板见课程“毕业设计”的“资源下载”栏目。

10. 目录样本如下：

目录编排格式样本（非英语专业）

目　录

粗黑体小三

宋体小四

Times New Roman 小四

中国石油大学(华东)现代远程教育专科毕业大作业写作管理规定

毕业大作业环节是实现各专业培养目标的重要教学环节，是人才培养计划的重要组成部分，也是衡量成人高等教育办学水平及教学质量的重要评估指标。学校专科毕业大作业采取实践报告形式完成，要求学生在掌握基本理论知识和技能的基础上，能综合运用所学基础理论知识、基本技能和专业知识，并将其与工作实践相结合。为了保证实践报告的完成质量，对实践报告进行如下规范。

实践报告是在实践的基础上，运用基础理论知识，结合实践资料，进行比较深入的分析、总结。实践报告内容要求实事求是、简明扼要，能反映出实践单位的情况及本人实践的情况、体会和感受。报告的资料必须真实可靠，有独立的见解，重点突出、条理清晰，不少于3 000字。

一、实践单位及选题

实践单位可以是学生当前工作单位或学生自行联系的单位，也可由学习中心(函授站)推荐，但实践报告选题与内容必须与所学专业相关。

二、实践报告的基本结构

实践报告的基本结构必须包括以下四个方面：

1. 实践目的

写明实践活动的起因或目的，要求言简意赅，点明主题，字数不少于100字。

2. 实践单位及岗位介绍

要求详略得当、重点突出，着重介绍实践岗位。

3. 实践内容及过程

这是实践报告的主要部分，详述实践活动的基本情况、做法、经验，篇幅不少于1 500字。要求内容详实、层次清楚，侧重实际动手能力和技能的培养、锻炼及提高，切忌记账式或日记式的简单罗列。

4. 实践总结及体会

这部分是报告的精华，着重写实践过程中的总结、体会和感受，特别是自己所学的专业理论与实践的差距和今后应努力的方向，进一步深化主题，篇幅不少于1 500字。

三、成绩评定

学校组织教师对实践报告进行成绩评定。

四、各学习中心（函授站）应存档的材料

1. 免做毕业大作业审批表（复印件）、免做汇总及佐证材料（“石大在线”平台导出）。

2. 评审成绩单（书面，学校反馈）。

3. 实践报告（电子、书面稿，可从“石大在线”平台导出）。

五、关于免做毕业大作业的说明

1. 专业基础课及专业课的成绩50%达到75分以上（含75分），并符合下列条件之一者，可以申请免做毕业大作业：

序号	名称
1	科研发明、技术革新项目获得国家专利权并获得证书
2	科研成果、技术革新项目获得市（局）级以上鉴定并获得证书
3	论文、科研成果获得市（局）级及以上奖励
4	近五年来在国内外公开发行刊物上发表有价值的学术论文

2. 对批准免做的学生，由学校审核并根据成果及奖励的级别给予成绩，具体如下：

	第1位	第2位	第3～5位	科研	革新
专利证书	—	—	—	95	90
省部级	95	90	85	—	—
局级	90	85	80	—	—
论文	80	70	70	—	—

3. 免做申请具体步骤如下：

① 学生向所属学习中心（函授站）提交书面审批表、证书原件、复印件以及相关佐证材料。

② 学习中心（函授站）对免做申请材料进行初审，填写初审意见，签字、盖章，并将审批表上报学校审批（证书原件返还学生）。同时，学生通过“石大在线”平台个人工作室上传相关佐证材料的扫描件：证书原件的扫描件；成果或项目说明的电子文档；学术论文扫描件（包括杂志封面、版权页、目录页、论文全文、封底）。

③ 学校负责审核、签字、盖章并予以保存，将书面审批表复印件反馈学习中心（函授站）存档。

④ 审核通过者，取得相应的毕业大作业（实践报告）成绩。

⑤ 审批未通过者，进入实践环节，完成实践报告。

六、实践报告格式及装订要求

1. 报告封面使用学校规定的统一格式(可从“石大在线”平台下载)。封面信息要求填写完整,题目用二号黑体字填写,学生姓名、专业、年级、实践单位、实践起止时间等用三号黑体字填写。

2. 整体实践报告必须与所学专业相关,报告正文内容不少于 3 000 字,填写到统一规定的模板中。正文字体选用小四号宋体,1.5 倍行距。

3. 采用 A4 纸单面打印,页面设置为上、下各为 2.5 cm,左、右各为 2.5 cm。

4. 实践报告采用左侧装订。装订顺序为:封面→实践单位评议表→实践报告内容。

5. 毕业大作业模板见课程“毕业大作业”的“资源下载”栏目。

中国石油大学(华东)现代远程教育
考场规则

1. 考生在考前20分钟凭学生证和身份证进入考场。

2. 考生入场时，不准携带任何书籍、资料、草稿纸等(开卷考试除外)和通信工具，只准带必需的文具，书包等一律放在讲台前。允许使用计算器的课程，可带计算器，但计算器在场内不得相互借用。

3. 考生入场后，要对号入座，并将本人的身份证、学生证放在考桌左上角，以便查对。

4. 考生答卷前必须在试卷指定的位置认真填写学习中心(函授站)名称、年级、专业、姓名、学号，否则试卷无效。

5. 考生迟到30分钟不准入场，考试进行30分钟后方准交卷出场。出场后不准再进场续考，不准在考场附近逗留和大声喧哗。

6. 考试期间，原则上考生不准上厕所，如遇特殊情况，考生须向监考人员请示，获准后要由监考人员陪同，方准如厕。

7. 考生对试题有疑难时，不得向监考人员询问。如遇试题分发错误或字迹模糊等问题，但不涉及试题内容，可举手当众询问，由监考人员当众予以答复。

8. 考生答卷一律用蓝、黑色钢笔或圆珠笔(有特殊规定的除外)，否则不予判分。考生必须按试卷规定答卷，字迹要工整、清楚，学号填写规范、完整，答案书写在草稿纸上的一律无效。

9. 开卷考试时，学生可以查阅教材和自己所带的资料，但不得相互讨论，不得借用他人的书籍资料。

10. 考生在考场内必须保持安静，不准吸烟，不准将试卷和草稿纸带走，不准撕毁试卷，不准有任何违纪和作弊行为。

11. 考试结束时间一到，考生应立即停止答卷，并将试卷翻放，等候监考人员将试卷和草稿纸分别收齐，检查无误后方可离开考场。

12. 考生应自觉服从监考人员管理，不得以任何理由妨碍监考人员进行正常工作。在考试期间，监考人员有权对场内发生的问题按规定做出处理。

中国石油大学(华东)现代远程教育
违反考场规则及作弊问题的处理规定

为严肃高等学历继续教育考试纪律,维护中国石油大学(华东)高等学历继续教育的信誉,根据教育部有关规定,对违反中国石油大学(华东)高等学历继续教育考试考场管理规定者,视其情节轻重,分别给予以下处理:

一、有下列行为之一者,视为违反考试纪律,给予口头警告。若无视警告重犯,取消其考试资格,该门课程以零分计。

1. 携带规定以外的物品进入考场或未放在指定位置的;

2. 擅自移动座号或考试号,不按规定座位对号入座的;

3. 不按要求在规定的位置填写学习中心(函授站)、年级、专业、姓名和学号的;

4. 考试开始信号发出前答题或者考试结束信号发出后继续答题的;

5. 考试过程中旁窥、交头接耳或东张西望、互打暗号或者手势、企图偷看他人试卷的;

6. 在考场内接听手机、吸烟、小声说话的;

7. 交卷后仍在考场内逗留或在考场附近高声喧哗的;

8. 考试清场后,仍夹藏资料(书籍、笔记、小抄等)的;

9. 未经同意在考试过程中擅自离开考场的;

10. 其他违反考场规则但尚未构成作弊行为的。

二、有下列行为之一者,视为作弊,给予警告处分,该科试卷判零分,并不准参加正常补考。

1. 携带与考试内容相关的文字材料参加考试的;

2. 偷看、抄袭或协助他人抄袭试题答案或与考试内容相关的资料(书籍、笔记、小抄等)的;

3. 考试过程中传纸条、对答案等帮助他人作弊的;

4. 在考试过程中使用通信设备的;

5. 把姓名、学号写在非指定位置处或在试卷上做明显标记的;

6. 在答卷上填写与本人身份不符的姓名、考号等信息的;

7. 签名表上签名与答卷上签名的笔迹不同的;

8. 有其他作弊行为的。

三、有下列行为之一者,视为严重作弊,给予记过处分,该课程试卷判零分,并不准参加正常补考。若作弊学员为本科生,取消其申请学士学位资格。

1. 强拿他人试卷、答卷和草稿纸的；

2. 未经允许传、接物品或交换试卷、答卷、草稿纸的；

3. 故意销毁试卷、答案或考试材料的；

4. 考场纪律混乱，考试秩序失控，出现大面积考试作弊现象的；

5. 其他有严重作弊行为的。

四、有下列行为之一者，视为特别严重作弊，给予勒令退学或开除学籍处分，必要时报请公安部门处理。

1. 替考和被替考的；

2. 扰乱考场秩序，影响他人答卷不听警告的；

3. 威胁、侮辱、诽谤、诬陷监考人员、工作人员或其他考生的；

4. 冲击考场，影响考试正常进行的。

五、累计作弊达两次者，给予勒令退学处分。

六、处理决定将随考试成绩一起上网公布。对于伪造证件者，一经查实，将取消其之前所有考试成绩，并将处理决定送达考生所在组织部门或人事部门，同时建议所在单位给予相应的纪律处分，情节严重者报请公安部门处理。

中国石油大学（华东）现代远程教育学生学籍管理规定

第一章 总 则

第一条 为维护学校正常的教育教学秩序，保障学生合法权益，培养德、智、体、美等方面全面发展的社会主义建设者和接班人，根据《中华人民共和国高等教育法》《普通高等学校学生管理规定》（教育部令第41号）以及《中国石油大学（华东）章程》《中国石油大学（华东）本科生学籍管理规定》等有关文件精神，结合学校实际，特制定本规定。

第二条 本规定适用于我校现代远程教育学生的管理。

第三条 我校实行学分制管理和弹性学习年限，高起专标准学制2.5年，最长学习年限4.5年；专升本标准学制2.5年，最长学习年限4.5年；高起本标准学制5年，最长学习年限8年。

第四条 学校鼓励和支持学生实行自我管理、自我服务、自我教育、自我监督。学生可根据个人情况，合理、灵活地通过选课安排自己的学习进程，但在校学习年限不能超过学校规定的最长学习年限。

第二章 入学与注册

第五条 凡参加国家统一招生考试或学校自主组织的招生考试，经学校正式录取的新生，应在规定的时间内，按录取通知或电子通知书上的录取信息在“石大在线”教学平台进行信息确认、缴费及选课，完成新生注册。

因故不能按时进行新生注册的，须在注册时间内向学习中心（函授站）提交延期缴费选课申请，申请延期时间不得超过一年。未申请或逾期申请的，视为放弃入学资格。

符合保留入学资格的新生可申请保留入学资格，具体申请条件见第五章第十七条。

第六条 新生入学六个月内，学校将根据中国高等教育学生信息网反馈的入学资格清查结果组织学生进行入学资格复查。复查不通过的，学校将取消其入学资格。

第三章 课程考核与成绩记载

第七条 学生应当按时参加所学专业教学计划设置的全部课程的考核，并按照教学安排参加规定的教学活动。考核成绩计入成绩单，并归入学籍档案。

课程考核包括考试和考查两种方式，根据课程的性质与特点采取闭卷、开卷、大作业、撰写论文或实践报告、在线考试等不同的形式。

第八条 课程考试采用网上预约的形式，在规定的时间内预约考试方能参加当前批次的考试。每年有四次考试，学生可根据自己的实际情况预约相关批次考试，初次预约只能预约正考考试。考试不收取任何费用。

第九条 学生参加考试必须严格遵守考场规则。如有违纪作弊，按《中国石油大学（华东）现代远程教育违反考场规则及作弊问题的处理规定》处理。

第十条 课程成绩一般采用百分制（60分为及格），由形成性考核和终结性考核按一定比例构成。形成性考核包括离线学习成绩、在线学习成绩和在线作业成绩。终结性考核即课程期末考试。具体每项占总成绩的比例，根据课程的性质及实际情况确定。

毕业设计（论文）答辩成绩采用五级记分制（优、良、中、及格、不及格），评审成绩采用二级记分制（通过、不通过）。五级记分制与百分制的对应关系：优—95，良—85，中—75，及格—65，不及格—40；二级记分制与百分制的对应关系：通过—80，不通过—40。

正考不合格者可申请参加下一批次的课程考试，考试成绩以最终考试成绩记载。凡缺考或考试作弊者，该课程成绩以0分记入学生成绩单。

第十一条 符合下列条件之一者，学生可申请免试有关课程。

1. 同层次、同类别、同课程合格成绩单免相关课程。

2. 计算机类等级证书免计算机文化基础、计算机应用基础及所开设的相同名称课程。

3. CET四六级证书、CET四六级成绩单达到420分、PETS三级证书（含笔试证书）、学位英语合格成绩单其中之一免大学英语3和4及所开设的相同名称课程。

4. 持经相关部门认定的职业资格证书可免试相关课程，详见《课程免试管理办法》。

5. 毕业设计（论文）的免做参照《中国石油大学（华东）现代远程教育本科毕业设计（论文）管理实施细则》执行。毕业大作业的免做条件详见毕业大作业免做说明。

第十二条 课程免试不免修，学生在籍期间均可办理。申请免试的课程，需首先进行选课，然后在线提交该门课程的免试申请，上传相关证明材料的扫描件。学校将在五个工作日内给予在线审核，经审核符合免试条件者，该门免试课程直接通过，不再给予安排考试。

免试课程的成绩记载：批准免试的课程，免试材料为成绩单的按成绩单上实际分数记载，其余成绩统一按80分记载。

免试课程学分不得超过教学计划规定课程总学分的30%。

第四章 转学和转专业

第十三条 经教育部批准的成人高等教育的在籍生，要求转入中国石油大学（华东）成人教育学习时，需填写《山东省成人高等教育学生转学审批表》，经学校审核，报山东省教委审批同意后，方可办理转学手续。转出院校应将该生的学籍档案及省市招办统一录取表转至我校。学生按录取科类、层次编入相应专业。

中国石油大学(华东)成人教育学生转入其他院校需经主管院长批准后,按相应手续办理。

第十四条 学生因工作调动等原因,需转站学习时,须向本人所在学习中心(函授站)提出申请,并填写《学籍异动表》,经学校同意并备案后,可转入新站学习。转站后学号不变。

第十五条 学生原则上不允许转专业,如确因工作需要更改专业者,可申请转专业。转专业需在入学后一年内办理,有且只有一次机会申请转专业。学生转专业后,学号不变。

学生通过本人工作室提交转专业申请,经所在学习中心(函授站)、学校先后审批通过后,方可转入另一专业。根据我校专业设置特点,理学、工学、经济学及管理学同层次专业间可互转,法学专业不能与其他专业互转。

第五章 休学、保留入学资格与退学

第十六条 学生可分阶段完成学业,因实行弹性学习年限,学生进行新生注册后,视为办理入学手续,之后在最长学习年限内学生可根据自身情况安排学习进度,无须办理休学。

第十七条 未进行新生注册,有下列情况之一者,应予以保留入学资格:

1. 应征入伍的;

2. 因病经医院诊断需要治疗的;

3. 其他特殊原因,无法按时进行注册学习的。

符合上述情况学生,如需保留入学资格,应在被录取后一个月内提出书面申请,由学习中心(函授站)审核后呈报学校。学校审批通过后将予以保留入学资格。

保留入学资格时间从被录取时计起,最长时间为两年。保留入学资格期间学生应根据自身情况及时提出申请注册学习,学校审批后给予注册至当前年级。保留入学资格期满后仍未提出申请注册学籍的学生将视为放弃入学资格。

第十八条 学生有下列情形之一者,学校应予以退学处理:

1. 学生因健康或其他原因,不能继续学习,自愿申请退学的;

2. 在学校规定的最长学习年限内未完成学业的;

3. 保留入学资格时间超过两年的;

4. 被批准延期缴费注册,一年内仍未进行缴费选课的;

5. 入学后发现入学资格有问题的;

6. 其他原因勒令退学的。

第十九条 学生退学按以下规定办理:

1. 学生退学，须提出书面申请，由学习中心（函授站）审核后呈报学校；

2. 学生因故退学，已消费的学费不予退还，只退还工作室学费余额；

3. 对已经批准退学的学生，予以注销学籍，退学后不得复学。

第六章　毕业、结业和肄业

第二十条 学生修完教学计划规定的全部课程，经考核合格，并通过思想品德鉴定者，准予毕业，颁发中国石油大学成人（网络）教育毕业证书。其中网络教育本科层次学生在毕业前必须通过教育部组织的全国现代远程教育试点学校网络教育公共课统一考试。学校将在规定时间内将学生毕业信息报教育部进行学历电子注册。

第二十一条 学生修业已达到最大学习年限者，选修完教学计划规定的全部课程，尚未达到毕业条件者，所欠课程学分（含不及格课程和缺考课程学分）低于10学分（含10学分），网络本科层次学生在学习年限内未通过网络教育公共基础课全国统一考试的可提出申请并经审核批准，由学校颁发结业证书。

第二十二条 学生在学习年限内未学完教学计划规定的课程，但学习满一年并修满20学分以上（含20学分），可提出申请并经审核批准，由学校发给肄业证书及成绩证明书。

第二十三条 学校所发毕业证书、结业证书和肄业证书属一次性证件，学生应妥善保管，如有遗失或损毁，一律不再补发原始证件。对已经超过最长学习年限及在学习年限内不符合毕业、结业和肄业条件或自动退学的学生不颁发给任何证书。

第七章　学士学位

第二十四条 本科毕业生符合学士学位授予条件者，经本人申请、学校学位评定委员会审核同意，可授予中国石油大学（华东）成人高等教育学士学位，颁发成人学士学位证书。具体学位授予条件见《中国石油大学（华东）现代远程教育本科毕业生申请学士学位规定》。

第八章　奖励与处分

第二十五条 思想进步、遵纪守法、学习态度端正、学习和工作成绩突出的学生，学校可根据实际情况，给予一定的奖励。按照《中国石油大学（华东）现代远程教育优秀毕业生评选办法》对优秀毕业生进行发文表彰，颁发荣誉证书。

第二十六条 学生违反校规、校纪乃至触犯国家刑律者，视不同情节分别给予警告、严重警告、记过、留籍查看、勒令退学、开除学籍等处分。

第九章　附　则

第二十七条 本规定由远程教育学院负责解释，自印发之日起实施。

中国石油大学(华东)现代远程教育 学生毕业管理规定

根据教育部关于印发《高等教育学历证书电子注册管理暂行规定》的通知(教学[2001]4号)规定,高等学校负责印制、填发、颁发毕业证书。2001年开始建立并实施毕业证书电子注册制度,从该年起颁发的毕业证书未经注册的,国家不予承认。为进一步加强我校现代远程教育学生毕业管理,特制订本规定。

第一条 毕业证书一年办理两次,分别为1月和7月。学生需在学校规定的时间段内核对个人信息,进行毕业填报。逾期未填报者,延误证书办理由学生个人承担责任。具体安排见每批次毕业办理的相关通知。

第二条 学习中心(函授站)一定要本着对学生负责的态度重视毕业工作,要认真指导学生进行毕业填报,按照学校的具体安排及时完成各项工作。具体要求如下:

1. 电子照片要求

原则上毕业生照片一律采用招生报名采集的照片,学习中心(函授站)要确保招生报名时采集照片信息无误且符合采集要求:数码相机不低于200万像素,照片颜色为真彩24色,底色为蓝色,格式为JPG,大小为2寸。

学生因特殊情况需更换照片的,可在毕业填报阶段联系学习中心(函授站),由学习中心(函授站)向学校提交新的照片。

2. 毕业填报

学生需按要求通过学生工作室进行毕业填报,填报信息将作为毕业证和毕业档案唯一信息来源,毕业信息一经电子注册,一律不得更改。具体填报要求如下:

(1)层次、专业、学号不可更改;

(2)姓名、性别、民族、出生日期、证件类型、证件号码、政治面貌按照实际情况更改;

(3)家庭主要成员包括父母、配偶、子女、兄弟姐妹等,与本人关系是指亲属与本人之间的关系,例如父女、父子等;

(4)本人学历以及社会经历栏目填写格式为××××年×月至××××年×月,在××学校(或单位)学习(或工作),要求时间上下衔接;

(5)自我鉴定内容为全面总结本人在校期间学业情况、思想政治表现及其他方面的表现,实事求是地评价自己的优点和成绩,指出不足和努力方向。

3. 毕业生个人信息变更

有姓名变更的学生需上交户口本扫描件(户口本上需标注曾用名);身份证号变更的

学生需上交身份证正反面扫描件、县级以上公安部门出示的身份证号变更证明原件；民族变更的学生需要上交身份证扫描件。

第三条 毕业证书及档案资料于毕业注册后一个月内邮寄至学习中心（函授站），由学习中心（函授站）将毕业证书和档案资料及时发放给学生本人。

学生需妥善保管毕业证书和档案资料。如不慎遗失毕业证书，可向学校提交相关材料，包括地市级报纸声明、毕业证书或身份证复印件、2寸蓝底照片，补办毕业证明书。遗失毕业档案，可向学校提出补办申请，学校审核后予以补办。

学校按年度将毕业生学籍卡按要求存入学校档案馆。

第四条 毕业证书信息可在中国高等教育学生信息网上进行查询。

中国石油大学(华东)现代远程教育
本科毕业生申请学士学位规定

根据国务院学位委员会(88)学位字012号《关于发布〈关于授予成人高等教育本科毕业生学士学位暂行规定〉的通知》、国务院学位委员会《关于授予成人高等教育本科毕业生学士学位授予办法》的有关精神,参照《中国石油大学(华东)学士学位授予办法》,结合我校实际,现对我校成人学士学位授予办法作如下规定:

一、学士学位授予条件

1. 遵守中华人民共和国宪法和法律,遵守学校根据国家有关政策和学校实际情况制定的规章制度;

2. 完成本科教学计划规定的各项要求,经审核予以毕业,无考试作弊记录,且所学课程平均成绩70分以上(含70分);

3. 学位主干课程,含一门专业基础课、二门专业课,成绩在70分以上(含70分),学位主干课程不单独组织考试,认可学习期间的考试成绩;

4. 毕业设计(论文)参加答辩,成绩达到中以上(包含中),且对照教育部令第34号《学位论文作假行为处理办法》未出现学位论文作假行为;

5. 学位外语成绩达到要求。

二、凡有下列情况之一者,不授予学士学位

1. 不符合学士学位授予条件者;

2. 在学期间因违纪受到学校或所在工作单位记过或记过以上处分者;

3. 严重违背学术诚信,有考试作弊、剽窃他人学术成果等行为者。

三、学士学位授予程序

1. 学生在毕业当年向学校提出学位申请;

2. 学校对提出申请者进行学位资格审核,审核通过者形成拟授予学位学生名单,上报学校学位委员会进行审议;

3. 学校学位委员会对拟授予学位学生学位资格进行评议,评议通过后授予学士学位。

四、对于当年不符合条件,没有授予学士学位的本科毕业生,一律不再补授学士学位

中国石油大学(华东)现代远程教育
优秀毕业生评选办法

为了贯彻党的教育方针,实现现代远程教育的培养目标,鼓励学生学习积极性,树立榜样,培养良好的学风,学校每学期在毕业生中评选优秀学生,现将有关办法规定如下:

一、优秀毕业生评选条件

1. 拥护党的路线、方针、政策,坚持四项基本原则,遵纪守法,品行端正。

2. 努力做好本职工作,能正确处理工作与学习的关系。

3. 遵守学校各项规章制度,学习态度端正,按时完成作业,按时参加集体辅导、面授和考试,学习刻苦认真,成绩优良:

(1) 各门课程成绩均在 85 分以上;

(2) 被评为地市级(或油田)以上先进工作者,各门课程成绩均在 70 分以上。

二、优秀毕业生评选办法

1. 优秀毕业生每学期评选一次;

2. 符合优秀毕业生条件的学生由学习中心(函授站)推荐,填写优秀毕业生推荐表,由所在单位和学习中心(函授站)签署意见,报学校审批。

三、奖励办法

1. 对优秀毕业生进行通报表彰;

2. 颁发优秀毕业生荣誉证书;

3. 优秀毕业生材料存入本人档案。

参考文献

[1] 刘少伟. 现代远程教育学习指南[M]. 东营：中国石油大学出版社，2013.

[2] 王磊，周冀. 无边界，互联网+教育[M]. 北京：中信出版社，2015.

[3] 许晓艺，潘战生，卢和琰，等. 网络学习方法——教你做成功的网络学习者[M]. 北京：清华大学出版社，2012.

[4] 陈丽，邓肯·西德维尔. 简明远程教育编写指南[M]. 北京：中央广播电视大学出版社，2014.

[5] 郭文革. 中国网络教育政策变迁——从现代远程教育试点到MOOC[M]. 北京：北京大学出版社，2014.

[6] 乔纳森·哈伯. 慕课——人人可以上大学[M]. 北京：中国人民大学出版社，2015.

[7] 让-查尔斯·庞马隆，伊夫·埃佩尔布安，克莱尔·图里. 如何设计优质慕课——探索慕课未来的商业模式[M]. 北京：中国人民大学出版社，2016.

[8] 汤敏. 慕课革命——互联网如何变革教育[M]. 北京：中信出版社，2016.

[9] 维克托·迈尔，肯尼思·库克耶. 大数据时代——生活、工作与思维的大变革[M]. 杭州：浙江人民出版社，2013.